Les Miscellanées de CHICANDIER

Département Pratique
Préparation et correction des textes : Tomek Gayral
Illustrations : ©Sylvestre Hovart et page 232
Guillaume Paput
Création graphique et mise en page : Florence Cailly

82, rue Saint-Lazare, CS 10124, 75009 Paris
https://editions.flammarion.com/
ISBN : 978-2-0804-4928-3
N° d'édition : 629828-0

JASON CHICANDIER

Les Miscellanées de CHICANDIER

Flammarion

PRÉFACE

Cher Jason,

Tu me demandes d'écrire ta préface, et aussitôt je me dis que je vais décliner : on ne se connaît pas assez, et une préface, c'est une sacrée responsabilité, c'est sérieux, c'est précieux, c'est un peu comme un médecin qui préparerait un accouchement, celui de ton livre. Je n'ai pas cette légitimité et puis de toute façon je ne comprends pas le titre : miscellanées, qu'est-ce que c'est que ce mot barbare aux relents bibliques?

Encore une fausse bonne idée.

La curiosité me pousse quand même à jeter un coup d'œil dans un dictionnaire et je découvre que les miscellanées – il faut le pondre ce mot-là – sont un recueil de petits riens qui éclairent le tout, un livre sans ordre et sans enjeu pour répondre à toutes sortes de questions essentielles ou futiles du quotidien. Ça me rappelle à présent un livre qu'on m'a offert plusieurs fois par le passé : Les Miscellanées de Mr. Schott... *Le livre passe-partout, le couteau suisse des indécis, le* Radeau de la Méduse *des naufragés du réveillon, le cadeau idéal de tous ceux qui n'ont toujours pas d'idée alors qu'on est le 24 décembre!*

Alors là, franchement, ça ne va pas le faire, Jason, parce que j'ai précisément horreur de ce genre de compilation sans but et sans intention. Je trouve même d'une paresse coupable cet alibi de se réfugier

derrière un abécédaire ou un calendrier pour ramasser ses idées, du genre :* L'Histoire de France de A à Z, *ou* Les 100 dates qui ont fait l'humanité. *Quelle passivité, quelle pauvreté ! Où est le point de vue ? Où est l'engagement qui fait la singularité d'un auteur ? Écrire un livre, c'est au contraire savoir choisir, écarter pour mieux resserrer le propos, ce n'est pas noircir des pages autour d'anecdotes glanées ici ou là. Écrire un livre, c'est un élan de création qu'on aiguise comme on taille un crayon. Écrire un livre c'est comme grandir : c'est savoir dire non.

Alors justement, non Jason, pour tous ces motifs, je ne ferai pas la préface de ton livre. Mais je suis sûr que tu trouveras bien vite d'autres artistes qui y verront l'opportunité de faire un peu rejaillir sur eux l'éclat de ta popularité, par ailleurs tant méritée.

Bien à toi,

Lorànt Deutsch

BIEN À TOI? TIENS, ÇA AURAIT PU ÊTRE UNE ENTRÉE POUR TON LIVRE, ÇA! BIEN À TOI? UNE SIGNATURE À LA MODE POUR LES ÉCRIVAILLONS EN QUÊTE D'UNE FORMULE DE POLITESSE COURTE, MAIS INSPIRÉE.

- 1 -

CHAMBRE AVEC VUE

Lorsqu'il m'arrive d'emmener ma douceur en week-end à la montagne, et ce depuis quelques années, j'ai pris une habitude. En effet, je prends toujours une chambre avec vue sur le Mont-Blanc. Bien sûr, cela a un coût, bien sûr il faut faire quelques heures supplémentaires ou bien esquinter sa prime de Noël, mais c'est ainsi. Après tout, quand on aime... L'année dernière, alors que nous étions lovés dans le lit, savourant ces instants précieux de repos sans les enfants et loin du tumulte du quotidien, mon épouse me dit : «*Mais toujours cette chambre avec cette même vue, mon cœur, pourquoi?*» Et moi de lui répondre : «*Ma chérie, lorsque je te besogne gentiment avec le poids des ans et que tu es là, sur tes petites pattes arrière, m'offrant les plus belles pommes du monde, en mon for intérieur je me dis : "Mon Dieu, si elle ne jouit pas, au moins elle a la vue!"*»

- 2 -

BIEN CHOISIR LE NOM DE SA MAÎTRESSE DANS SON RÉPERTOIRE

Histoire vraie. Un samedi matin, un homme part faire son jogging. Confiant sur les us et coutumes entre sa maîtresse et lui, il laisse son téléphone sur la table du salon. Martine sait très bien qu'il ne faut pas lui envoyer de SMS ou l'appeler le week-end. Tout à coup, catastrophe, fuite d'eau dans la salle de bain. Quelle ne fut pas la surprise de Madame lorsqu'on lui répondit : «*Tu m'avais dit jamais les week-ends, mon amour! Mais je suis contente et j'ai très envie de toi, tu sais!*», alors qu'elle appelait ROBERT PLOMBERIE avec le téléphone de son mari. Toujours ces problèmes de fuite...

- 3 -

ET OUI…

« Je n'ai pas d'ennemi mais tous mes amis me détestent ! »

Jacques Martin

- 4 -

RETOUR VERS LE FUTUR… OU PAS !

Au départ, l'acteur qui devait interpréter le célèbre Marty McFly dans *Retour vers le futur* n'était autre que le comédien Eric Stoltz. Mais si, vous voyez, Eric Stoltz, celui qui joue le dealer blond vénitien (le wokisme interdisant désormais l'utilisation du mot « rouquin ») dans *Pulp Fiction* ! Voilà, lui ! Et en plus c'est pire que ça, en réalité le tournage a commencé avec Eric Stoltz qui a quand même joué Marty McFly durant cinq semaines ! Pas une journée, pas deux journées… cinq longues semaines ! Le réalisateur était Robert Zemeckis mais c'est Spielberg qui était aux manettes derrière. Steven trouvait Stoltz trop sérieux pour le rôle. Bref : « *Circule le rouquemoute y a rien à voir !* » (attention là c'est Steven Spielberg qui parle), et puis Michael J. Fox est arrivé et toutes les scènes ont été retournées… Parce que personne ne dit : « *Punaise, tu casses les c….* » à Spielberg – à part sa femme ! Et puis bon, au final c'est vrai que *Retour vers le futur* sans Michael J. Fox, ça ne serait pas le même film non plus ! Mais Eric Stolz a quand même fait une très belle carrière, car dans la vie, il ne faut jamais oublier que le roux tourne !

- 5 -

QUATRE

Jim Morrison, l'emblématique chanteur des Doors, adorait déjeuner au restaurant la Coupole, à Paris. Lors de son dernier séjour dans la capitale, il buvait dans cette superbe brasserie quatre bouteilles de Bordeaux par repas à lui seul. C'est toujours le souci de ces plateaux de fromage interminables : y a du claquos, il faut du vin. Y a du vin, il faut du claquos !

- 6 -

LE GOLF… PAS SI GENTLEMAN QUE ÇA!

Le golf est réputé pour être à l'origine de nombreux divorces car c'est un sport (un loisir diront certaines mauvaises langues) qui est excessivement chronophage. Les hommes partent tous les week-ends pratiquer ce sport ingrat, délaissant par là même femme et enfants. De plus, le retour sur investissement entre le coût financier et temps passé est ridicule. Des clubs sont jetés dans des étangs, des cris, des hurlements de frustration et des scores pathétiques poussent les hommes à boire encore plus de bières au club-house, les rendant plus ventripotents, le visage rubicond. Ils finissent ruinés, laids, empêtrés dans des pensions alimentaires et finalement toujours aussi nuls au golf! Un proverbe anglais dit donc à ce propos : «*Si tu as un ennemi, dis-lui de se mettre au golf!*»

- 7 -

LE PREMIER INFLUENCEUR

Au cimetière du Père-Lachaise, il y a une tombe où il est inscrit «Molière». En réalité le génie ne fut pas enterré ici mais, à la demande de sa veuve Armande Béjart, au cimetière de la chapelle Saint-Joseph, dans la nuit du 21 février 1673. Oui car, à l'époque, à l'instar des prostituées, les comédiens n'avaient le droit ni à la messe ni à une sépulture digne de ce nom. Le gonze avait portant croisé le fer avec Louis XIV! Bande d'ingrats! Et ce qui est incroyable c'est qu'en 1817, pour «gonfler la commu'» («*Salut mes follolos*») du Père-Lachaise, cimetière injustement délaissé par la plèbe, ils firent revenir les corps de Molière et Lafontaine. Et là bingo, tout le monde voulait être de la partie! Molière est donc aujourd'hui considéré comme le premier influenceur pour morts!

- 8 -

NON-BINAIRE OUI… MAIS EN SOLITAIRE

« Si je dois terminer ma vie avec un homme, ce sera moi ! »

Jacques Villeret

- 9 -

REPAS DE L'AMNÉSIQUE

Une fois j'ai essayé une chose étonnante que je recommande. Allez avec un copain dans une brasserie. Arrivez tôt le midi. Là vous retenez bien toute la commande. Nous l'avons vraiment fait. Nous avons chacun mangé une salade lyonnaise, un foie de veau persillé, une assiette de fromage et un baba au rhum. Le tout accompagné d'une bouteille de champagne et de deux bouteilles de Sancerre rouge. Nous avons payé. Nous sommes sortis. Nous avons fumé une cigarette puis nous sommes retournés dans le même restaurant : «*Une table pour deux s'il vous plaît!*» On nous a installés. Les serveurs dans les grandes villes ont l'habitude des gens bizarres. Nous avons commandé exactement la même chose, et la fin… hélas… je ne m'en souviens plus! Ce fut ma première garde à vue! Ce moment je l'ai vécu avec un pote, Bruno. La meilleure phrase que je peux dire à propos de Bruno est celle de ce génie de Hunter S. Thompson à propos de maître Gonzo dans *Las Vegas Parano* : «*Prototype personnel de Dieu, mutant à l'énergie dense jamais conçu pour la production en série. Il était le dernier d'une espèce : trop bizarre pour vivre, mais trop rare pour mourir…*»

- 10 -

FAUSSE CITATION

« On commence sa vie dans une couche pleine de merde, on finit sa vie dans une couche pleine de merde et entre les deux, on s'parfume ! »

Coco Chanel

- 11 -

DANS LA VIE Y A CEUX QUI ONT UN PISTOLET ET PUIS...

Dans la scène mythique du film *Les Infiltrés* (qui valut un Oscar au réalisateur Martin Scorsese) entre Nicholson et DiCaprio, le revolver n'était absolument pas prévu. Alors qu'ils tournent la scène, d'un coup « Tonton Jacky » sort un *gun* d'on ne sait où et le pointe sur la ganache de Leonardo. Tout le monde connaissant le côté totalement imprévisible de l'acteur de *Shining*, on ne sait même pas s'il s'agit d'un vrai ou d'une imitation. Le désarroi de DiCaprio se lit sur son visage (« *Putain mais ça joue le vrai là !* », comme aurait dit Frédéric Dard) et la scène a évidemment été gardée au montage !

- 12 -

PROVERBE D'ANCIENS DU GAZ

Quand ta femme bouffe du quinoa et fait de la Zumba… prends un bon avocat !

- 13 -

LE PANACHE

Belmondo, Johnny et Mort Shuman dînent à la Tour d'argent à Paris. Ils sont bien éméchés. À la fin, Mort Shuman propose de boire de la vodka à la russe. Le principe : on jette son verre derrière soi une fois bu ! Ça n'a pas manqué, un verre atterrit dans l'assiette d'un couple derrière. Le mari commence à s'agacer fortement. Pour détourner l'attention, Bebel se met debout sur la table et lance à la cantonade : « *Vous avez toujours rêvé de savoir si Belmondo portait des slips ou des caleçons, et bien regardez… et l'addition de ce charmant couple, c'est pour moi !* » La classe à Dallas !

- 14 -

LA PLUS GRANDE RACLETTE DU MONDE

Ça s'est passé le 17 mars 2024, à Saint-Étienne. Plus de 2200 personnes étaient présentes à la plus grande raclette du monde organisée par Mathias Cannariato, Maxime Bray-Nowak, Maxime Balouzat et votre serviteur. Plus de 600 kilos de fromage, idem en charcuterie et 10000 patates ! Comme disait Dominique Rocheteau « *Quand on a plus le foot, il reste toujours le fromage fondu !* »

- 15 -

PAS BÊTE

« Je bouffe de temps en temps des asticots pour assouvir un sentiment de vengeance par anticipation. »

Philippe Geluck

- 16 -

ET OUI...

« Dans les débuts d'une aventure, la bouffe prépare la baise, à la fin, elle la remplace ! »

Frédéric Dard

- 17 -

HASARD OU COÏNCIDENCE ?

Un jeune homme s'installe dans le TGV en face d'un homme plus âgé. Le jeune cadre dynamique sort un sac McDo et mange bruyamment avec tout le fumet délicat qui va avec. Ensuite il passe tous ses coups de fil sur son siège en parlant très fort. Envoie valser ceux qui lui proposent de téléphoner depuis la plateforme. Puis il écoute de la musique plein ballon en tapant sur son clavier d'ordinateur comme un forcené. Arrivé à Marseille, le jeune loup passe devant tout le monde dans la queue du taxi. Et puis alors qu'il attendait dans une salle d'attente depuis 30 minutes, on le fait rentrer dans le bureau du patron. Évidemment le patron est l'homme qui était assis en face de lui dans le train. «*Désolé, il y avait la queue pour les taxis!*», dit l'ancien. Le loup s'est fait agneau... d'autant que le rendez-vous visait à proposer au boss une conférence sur le «savoir-être»!

- 18 -

FAUSSE CITATION

« Entre la figue, l'abricot, le fraisier, le beignet, les rouleaux, les noix, les gousses, le moelleux, et j'en passe, j'ai l'impression que nous autres, les cuisiniers, offrons aux pornographes un panel illimité de métaphores salaces… Au fait Martine, n'hésitez pas à bien beurrer votre moelleux… Et merde tiens !! »

Cyril Lignac parlant à sa brigade

- 19 -

C'EST PAS PARCE QU'ON EST DE GAUCHE QU'ON DOIT VIVRE COMME DES GUEUX !

François Mitterrand avait un bon coup de fourchette. Un de ses restaurants préférés à Paris était La Cagouille, car il pouvait y déguster la chaudrée charentaise, une soupe de poisson au vin blanc avec rougets, crevettes, coques et queues de lotte ! Du fait de l'ancien Président à la rose, La Cagouille est rapidement devenu une sorte de quartier général pour la gauche. C'est d'ailleurs à cet endroit que François Hollande, après avoir dégusté un dos de saint-pierre meunière avec Lionel Jospin, se décida à se lancer dans la course à la présidentielle ! Au lieu d'aller à New York, DSK aurait pu finir à l'Élysée s'il avait appliqué la maxime de François : «*Saucer n'est pas tromper !*»

- 20 -

TÉMOIGNAGE DE PROFESSIONNEL

Un célèbre kebabier qui préfère garder l'anonymat a révélé que passé une certaine heure et un certain degré d'alcool, il servait énormément de végans dans son établissement ! *« Ils redemandent même souvent un supplément viande ! »* Comme dirait l'autre : *« On n'est pas venus déguisés en feuille de chou pour se faire brouter le cul par des lapins ! »*

- 21 -

UN PARRAIN PAS COMME LES AUTRES

J'ai l'immense chance d'avoir comme parrain Pierre Gagnaire, le célèbre restaurateur trois étoiles, connu dans le monde entier. Un jour que je l'invitais pour la 50ème fois à venir à mon spectacle (d'une vulgarité confondante, je le reconnais bien volontiers), Pierre déclina en me disant : *« Tu sais mon Chicandier, je t'aime et c'est précisément parce que je veux continuer à t'aimer que je ne veux pas entendre tes saloperies ! »* Ça c'est le gros problème des épouses, des bobos, des gens de plus de 130 kilos et des grands chefs... : ils ont toujours raison !

- 22 -

UN VRAI BURGER PAS DES BUILDINGS NOM DE BLEU !

Le hamburger est arrivé par bateau aux États-Unis au milieu du XIXe siècle, importé par des Allemands ! Oui, Monsieur, par des Allemands ! Après, la paternité exacte du placement du pain, des oignons, de la sauce moutarde, etc., là y a débat ! Toujours est-il qu'un hamburger, c'est quoi ? Comme cela est parfaitement relaté dans le film *Le Fondateur* avec Michael Keaton sur l'histoire de l'enseigne McDonald, le hamburger c'est pratique ! C'est fait pour l'honnête travailleur qui n'a pas énormément de temps pour faire sa pause et qui veut se délecter d'un repas facile sans s'en mettre partout sur les doigts, la gueule ou la cravate ! Tout a été étudié pour que le pain, le steak, le ketchup, la moutarde, les pickles ne fassent qu'un et que chaque bouchée soit un délice. Derrière, quelques rasades de soda à la Samuel L. Jackson dans *Pulp Fiction*, quelques frites de courtoisie et c'est parfait ! Mais non !! Aujourd'hui tu vois arriver des Picasso du burger. Souvent issus d'écoles de commerces, ils finissent adultes attardés, les cheveux longs attachés, gants en latex et chemise à carreaux à t'expliquer que pour un bon burger faut du pain de campagne, un steak saignant de 400 grammes, du fromage du Cantal, des tomates du grand-père, des morceaux de lard de la ferme de chépakoi et de l'avocat... ET BEN NON !! Et d'une, parce que je n'ai pas la bouche de Carlos Alcaraz et de deux, parce que je veux simplement manger un burger... pas avoir la digestion d'un cobra qui vient d'avaler une vache ! Plusieurs « burgermen » proposent désormais de revenir au burger fin traditionnel qu'ils appellent le « smash burger ». En résumé, en école de commerce, ils comprennent vite, mais faut leur expliquer très longtemps !

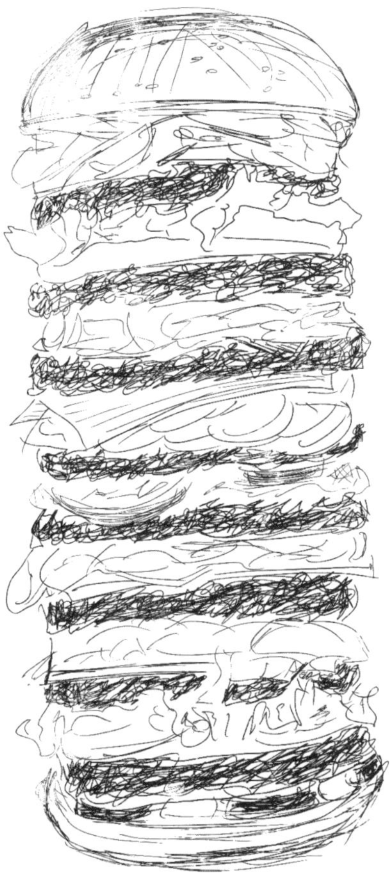

- 23 -

LÉGENDE URBAINE

Les soupeurs existent vraiment. Il s'agit de gens qui ont des pratiques urologiques très particulières comme celle de tremper du pain dans les vespasiennes publiques avant de le déguster. Une légende urbaine assez persistante tend à dire que Michel Simon, le célèbre acteur en était un ! C'est faux ! Il se trouve simplement que Michel Simon avait une immense collection pornographique, qui allait des photos aux textes en passant par les dessins, les godemichets et autres automates entreprenants... Alors il est vrai qu'on ne prête qu'aux riches mais Michel ne sauçait que son assiette ! Un honneur qui se devait d'être lavé. *Le Vieil Homme et l'Enfant*... Allons, allons, un peu de respect tout de même !

- 24 -

« LA VIE EST UNE COMBINAISON DE MAGIE ET DE PÂTES ! »

Il s'agit là d'une citation très connue du réalisateur Federico Fellini. On ne peut qu'applaudir des deux mains, c'est tellement vrai. Les pâtes, ça accompagne absolument tout dans nos vies. Nos joies, nos douleurs aussi. Imaginons, on vient de se faire larguer. Pour nous les hommes, je précise : on vient de tout faire pour se faire larguer ! Envie de ne voir personne, de toute façon on n'rentre dans rien, il fait trop froid, sont tous trop cons... On a même la flemme de descendre chez l'épicier du bas et secrètement on rêve d'un nouveau confinement. Mais on a toujours des pâtes à la maison, c'est la base. Les pâtes c'est la vie. Suffit d'avoir un bout de sauce, de l'huile d'olive, du beurre et du fromage et ça n'est plus une plongée triste dans l'obésité morbide mais une véritable symphonie. Là faut se mettre devant un film bien américain, bien rétro, un bon vieux *Tango et Cash* avec Sylvester Stallone et Kurt Russell. Une vanne, une action, une vanne, une action. Derrière tu peux enquiller sur *L'Arme fatale* avec Mel Gibson et Danny Glover. Dans le 2, il me semble, il y a Patsy Kensit et là... *madre mia* ! Oui Fellini a définitivement raison, quand on voit le dos nu de Patsy Kensit, de la sauce plein la barbe et les lunettes embuées, on se dit que définitivement : « *La vie est une combinaison de magie et de pâtes !* »

- 25 -

CITATION DU MAÎTRE

« Le plus beau compliment que je puisse faire à une femme est de lui dire : “Je suis aussi bien avec toi que si j'étais tout seul !” »

Jean Yanne

- 26 -

LES TONTONS FLINGUEURS… TOUS À LA FLOTTE!

Jouer une personne éméchée est très difficile. Parce qu'en réalité une personne bourrée essaye toujours de dire qu'elle ne l'est pas. Dès lors elle va méthodiquement essayer de paraître sobre mais va se voir trahie par une prononciation et des yeux qui disent le contraire. Aussi beaucoup pensent qu'il suffit d'être saoul pour jouer une personne ivre, or, c'est tout l'inverse. Faire semblant de se concentrer est un exercice très difficile pour une personne ayant trop bu. Lors de la fameuse scène de la cuisine dans *Les tontons flingueurs* avec Blier, Ventura, Lefebvre et Blanche, tout le monde tournait à la flotte et était parfaitement à jeun ! D'où la précision du jeu d'acteur ! Idem pour la fameuse scène des *Bronzés font du ski* qui lui rend hommage ! Il en est de même pour Belmondo et Gabin dans *Un Singe en hiver*. Après, évidemment, Depardieu est et sera toujours l'exception qui confirme la règle ! Le seul homme qui joue à la perfection un mec sobre alors qu'il est rond comme une queue de pelle !

- 27 -

18 JOURS DE BANQUET NON-STOP !

Aujourd'hui nous sommes traumatisés après trois jours de repas de fête… Mais à l'époque, ça savait banqueter. François Ier voulait rallier le roi d'Angleterre Henry VIII à sa cause pour contrecarrer la puissance grandissante du roi d'Espagne, Charles Quint. Alors entre le 7 et le 24 juin compris de l'année 1520, au camp du Drap D'Or, ce fut la plus importante démonstration culinaire de tous les temps. Nous sommes sur une moyenne de trois services de 50 plats avec des repas durant de 4 à 5 heures (et ça ne mollissait pas au niveau du service). La consommation pour les 18 jours est estimée à 100000 œufs, 300 moutons et agneaux, 800 veaux, 300 bœufs, avec évidemment pas moins de 200000 litres de vin et 66000 litres de bière pour faire glisser tout ça ! Pour eux, Mannekenpix, dans *Les Douze travaux d'Astérix*, c'est l'équivalent de Sandrine Rousseau pour nous ! Du panache, toujours du panache !

- 28 -

MICHEL-ANGE ÉTAIT PUNK

Des analystes, attention on parle de pointures, pas l'genre à se gratter les nougats devant les « Anges de la téléréalité », ont prouvé que dans *La création d'Adam*, une fresque inspirée de la Genèse peinte dans la chapelle Sixtine, Dieu porte une toge qui a la forme et la couleur d'un utérus dont s'échappe un voile qui représenterait le cordon ombilical ! Pas de créationnisme divin donc ! Autant te dire qu'il remet en cause le fondement même de la fresque qu'il peint ! En 1511, au Vatican, faut bien reconnaître que c'était plutôt culotté ! Aujourd'hui il porterait certainement une crête iroquoise et tournerait à la 8.6... En Italie il cartonnerait même avec son groupe, les Sex Pistou !

- 29 -

« LA VRAIE CUISINE SE FAIT EN DOUCE » DISAIT PAPY LES PIEDS BLEUS !

Votre femme et vos enfants sont l'ennemi, n'oubliez jamais cela. Vous avez pris une tonne pendant les vacances et là, ma femme, la Ramirez va commencer ses recettes diététiques ! Souriez, dites-lui : « *Tu as raison c'est tout aussi bon sans matière grasse, mon amour !* » Attendez la fin de Julie Lescaut, les paupières sont lourdes et là c'est gaufrette. Fromage fondu au micro-ondes, tartine de beurre sur de la brioche tressée, rillettes mangées avec les doigts ! « *Je n'comprends pas, on mange pareil et toi tu grossis !* », qu'elle dira dans trois semaines, lors de la pesée. « *Saloperie de métabolisme ! Voilà la seule explication possible !* », qu'on répondra avec la gueule du gamin qui disait : « *Tu pousses le bouchon un peu trop loin Maurice !* »

- 30 -

L'HOMME QUI S'EST FAIT LE PLUS AVOIR DANS TOUTE L'HISTOIRE DU CINÉMA !

Il s'appelait David Prowse, il était culturiste. Il nous a quittés en 2020. C'est lui qui portait le costume de Dark Vador dans les premiers *Star Wars*. On lui dit qu'il va jouer dans un film futuriste avec des effets spéciaux et tout, il saute de joie, évidemment. Le jour du tournage, il apprend en fait qu'il va jouer en costume de Dark Vador et que personne ne verra jamais son visage. C'est vrai que pour son CV, c'est pas la panacée. Il tourne quand même. Pas de souci. Le jour de la projection du film, il s'aperçoit qu'en fait, ce n'est pas sa voix et qu'il a été doublé par James Earl Jones. Bon, ça commence à faire beaucoup ! Dans le scénario du *Retour du Jedi*, il lit que Dark Vador va enfin retirer son masque. «*À moi Broadway !* », qu'il se dit ! Toujours pas, George Lukas préféra faire jouer la scène par un acteur expérimenté, Sebastian Shaw ! Quand ça veut pas... Avec Dark, il aura finalement mangé son pain noir ! (Cette dernière phrase est évidemment à prononcer avec la gueule de DiCaprio dans *Django Unchained*.)

- 31 -

QUAND ON DÎNAIT DEUX FOIS ET SURTOUT, QU'ON DÎNAIT APRÈS MINUIT !

À l'époque des grands soirs, avec Madame, on sortait. Il arrivait même qu'on dîne deux fois. Et pourquoi pas ? Un premier repas frugal composé d'huîtres, de saumon fumé, de blinis, quelques giclées d'blanc et on filait au spectacle. On s'était apprêtés, on avait mis les chaussures du dimanche, un beau complet, le cheveu fin, certes, mais peigné. On arrive pile au retentissement de la sonnerie. Il est temps de voir la première de notre ami Serge. Ils reprennent une pièce de Feydeau, c'est parfait Feydeau, le soir, c'est rythmé, ça rit, les portes claquent, ça vocifère. La pièce est assez courte pour que je n'aille pas aux vespasiennes de tout le spectacle. Prodigieux ! Je suis avec une « amie » qu'on dit. C'est pour ça que j'ai fait le « maigre » au restaurant tout à l'heure. Au début on se présente sous son meilleur col. Les artistes saluent, c'était formidable. Serge me voit et je lui fais mon plus beau pouce de félicitations. «*Oui je connais la vedette !*», que j'fais comprendre à ma promise. Je la raccompagne, chaste, voluptueux. Et derrière les vraies choses commencent. «*J'ai faim, j'ai faim !*» Il est minuit et je file au Bœuf sur le toit, comme dans le film *Les Volets verts* de Jean Becker avec notamment la sublime Fanny Ardant. Je prends les rognons en entrée, suivis du gigot de sept heures et ses lingots avec derrière sa cascade de profiteroles. Le lieu est intemporel, on pourrait y croiser un Juvet, un Noiret, un Marielle, un Belmondo, un Gabin, un Lino... J'ai un bavoir, du Châteauneuf, le ventre rond et chaud des hommes d'élégance ! (Avec la voix de Marielle) «*Qui mieux que moi, je vous l'demande ?*»

- 32 -

« J'ai pas encore gagné suffisamment de pognon pour être de gauche… mais j'y travaille ! »

Bernard Arnaud

- 33 -

FAUX DIALOGUES ENTRE LINO VENTURA ET FRANCK DUBOSC

Lino

Tu sais mon grand moi aussi j'en ai porté tout un tas de slobards, allant du gris anthracite au noir corbeau, quand j'étais catcheur ! Le catch, tout comme le café et beurrer ses biscottes, ça s'effectue la cuisse au vent… Mais s'agirait de n'pas en abuser mon ami !

Franck

Tu sais Lino, au départ ça n'était qu'un accessoire, pour mieux souligner la candeur du personnage et puis bon… Chaplin avait sa canne et son chapeau, Superman sa cape, Cyrano son nez, moi j'ai mon slob !

Lino

T'as quand même bien fait de te rhabiller, mon Francky, j'ai bien cru que t'allais donner dans la tétralogie avec ton camping là… Une tétralogie c'est encore bon pour Wagner mais disons qu'on lui voyait moins ses rouleaux, quoi !

Franck

C'est derrière moi tout ça, je ne regrette rien mais c'est vrai que je suis comme un oignon inversé… Petit à petit je rajoute des couches !

Lino

Tu finiras même par en porter à nouveau… Mais pour l'heure, reste en slobard et goûte mes pâtes !

Franck
Et toi, tu ne manges pas avec moi ?

Lino
Moi je te regarde, on dirait un héron qui mange des asticots... Ça me fait penser à mon Jacques Brel dans *L'aventure c'est l'aventure* !

Franck
Alors là tu me...

Lino
Chuuutttt... tais-toi et mange !
Remplume-moi donc ça ! C'est pas normal à ton âge d'être encore tanké comme un garçon coiffeur !

Franck
Je t'aime

Lino
Tais-toi donc et ferme les yeux !

- 34 -

AVARICE

« J'ai horreur des avares, je crois que l'avarice est le pire défaut qui existe, car si on compte ses sous, on compte également ses sentiments. On est mesquin en tout. »

Michel Audiard

- 35 -

FIGURES DE STYLE

Épanorthose. Voilà une figure de style dont on parle peu mais qui est particulièrement délectable lorsqu'on fait une chronique. Cela consiste simplement à revenir sur ce qu'on vient d'affirmer pour le contredire, le nuancer ou en rajouter. Exemple : «*Quand je l'ai vue, je me suis dit que c'était certainement la femme la plus belle que j'avais jamais rencontrée! Bon, ceci étant, dans mon patelin je n'avais vu que ma mère, la mère de ma mère et la boiteuse octogénaire qui rempaillait des chaises devant la chapelle!*»
Si vous ajoutez à cela le contexte dans lequel vous avez écrit la chronique dans un style gonzo, vous touchez au sublime. Exemple : «*Je me lève, je suis encore à deux grammes vingt, y a des gens nus partout et un clown menotté au radiateur... Je ne me souviens plus de rien sauf du fait que j'ai une heure pour rendre cette satanée chronique!*» Et bien il vous est très pratique de savoir écrire une chronique de 1500 caractères avec seulement une idée... Ça s'est vu, ça s'est vu... Mais chut, pas de nom!

- 36 -

ET LE CLASH TÉLÉ ÉTAIT NÉ

En 1981, avec l'arrivée au pouvoir de Tonton (entendez François Mitterrand), les balais se décoincent du douteux ! Michel Polac arrive avec son émission « Droit de réponse ». On est plongé dans une ambiance bar de quartier, ça fume, ça boit, ça s'invective, ça se jette des cendriers à la tronche ! Les plus belles pages du clash télévisuel s'écrivent avec Gainsbourg, Coluche, Renaud, le professeur Choron, Lafesse, Cavanna, Serrault, Brigitte Fontaine et j'en passe ! L'émission a même atteint les 12 millions de téléspectateurs lors de sa diffusion le samedi soir à 20 h 30. Et puis curieusement, une critique en plateau du groupe Bouygues survenant peu de temps après la privatisation de TF1 au profit du constructeur et baaaam... l'émission s'est arrêtée ! Critiquer en public son employeur c'est comme rappeler son ex bipolaire, dire à sa femme que ce jean lui fait des grosses miches ou se couper les cheveux soi-même, c'est rarement une bonne idée !

- 37 -

7,3 MILLIONS

C'est le score d'audience de la finale de la première saison du Loft à l'été 2002 ! Et dire qu'aujourd'hui à côté de ce qui existe, le Loft passerait pour une émission de Bernard Pivot !

- 38 -

ENCORE MIEUX

Quand j'avais une quinzaine d'années, je suis allé voir le film *La cérémonie* au cinéma. C'était au Méliès, à Saint-Étienne. J'étais avec mon père et ce jour-là, Claude Chabrol était présent. À la fin de la conférence de presse, Claude restait là à discuter avec les spectateurs. Je voulais un autographe mais mon père me pressait : «*Allez, dépêche on n'a pas toute la journée!*» J'ai donc interrompu une conversation pour demander au Maître un petit grigri lui tendant gauchement un bout de feuille que j'avais déchiré dans le programme du Méliès. Là, Chabrol est rentré dans une colère noire. «*Mais où as-tu été élevé toi? On n'interrompt pas les gens comme ça voyons!*» J'étais violet de honte (cette couleur de peau est d'ailleurs curieusement restée à vie). «*Et puis qu'est-ce que tu vas faire avec ta feuille toute pourrie et ma signature dessus hein? Ça va t'apporter quoi??? ENFIN!!! C'est pour ça que tu coupes notre conversation?!!*» Mon père avait carrément tourné le dos à la scène, je regardais mon petit papier blanc avec l'air d'un clébard qui vient de renverser un vase. Le lundi matin suivant, j'explique à mes potes que j'ai vu Chabrol, mon pote Guillaume me dit alors : «*Et tu as eu un autographe?!*» Je lui ai répondu : «*Mieux que ça, mon pote, il m'a offert un savon!*»

- 39 -

QUAND ON ALLIE THÉORIE ET PRATIQUE

« La théorie, c'est quand on sait tout et que rien ne fonctionne. La pratique c'est quand tout fonctionne mais que personne ne sait pourquoi. Aujourd'hui, nous avons réuni théorie et pratique : rien ne fonctionne et personne ne sait pourquoi ! »

Albert Einstein

- 40 -

FAUSSE CITATION

« Si on m'avait dit un jour qu'il existerait des bars à eau, je crois que je serais resté dans les noix de mon daron ! »

Jean Carmet

- 41 -

CHABROL ET LE CHOIX DES LIEUX DE TOURNAGE

Claude Chabrol choisissait ses lieux de tournage en fonction de la gamelle. Il repérait les spécialités locales, les bonnes adresses des guides comme le Michelin ou le Gault et Millau et s'installait à proximité. Il estimait qu'une équipe bien nourrie est une équipe efficace ! Quand on voit aujourd'hui le catering de certaines productions françaises, on comprend aisément pourquoi il y a autant de nanars ! Comme on dit : « *Une omelette aux lards caresse le César, un mauvais taco annonce le fiasco !* »

- 42 -

QUAND ON N'ENNUIERA JAMAIS LES CÉSARS

Deux paysans pètent tellement fort à cause d'une soupe aux choux que ça fait descendre un extraterrestre dans leur patelin de bouseux ! Voici donc le synopsis du film *La soupe aux choux* de Jean Girault avec Louis de Funès et Jean Carmet. On peut se dire que cette idée est sortie du cerveau d'un simplet accoudé au bar, avec un gramme dans chaque poche et bien non, que nenni ! C'est tiré d'un roman de René Fallet (meilleur ami de Georges Brassens et de Michel Audiard). Il a notamment conçu les scénarios de chefs-d'œuvre comme *Fanfan la Tulipe*, *Les Pas perdus*, *Paris au mois d'août* ou *L'Amour d'une femme*. Pour paraphraser Gainsbourg, le pet est parfois tout simplement la décontraction de l'intelligence.

- 43 -

UNE RENCONTRE AVORTÉE ENTRE DEUX LÉGENDES

Pour une raison étrange, Alain Delon et Eddy Mitchell ne se sont jamais vraiment rencontrés. Ils se sont parfois croisés en loge, sur des plateaux de télévision, mais sans réellement se parler. Un jour, leurs agents décident d'organiser une rencontre, leurs maisons sont près de Saint-Tropez... après tout, c'est dommage ! Une voiture est affrétée pour Monsieur Eddy. Lorsqu'il arrive devant la maison du Guépard, deux gardes sont postés à l'entrée. Alors qu'il s'apprête à rentrer, un des gardes demande à Eddy s'il peut le fouiller. Le regard qu'Eddy lance au molosse, c'est à peu près le même que celui que lance Rocky à Dragon lorsqu'il vient de tuer Apollo Creed. Eddy est remonté immédiatement dans la voiture ! Ce jour-là le Samouraï a mangé ses sushis en solo !

- 44 -

ON N'EST PAS DES ALLEMANDS

Fernand Point, chef trois étoiles (un des 23 premiers à avoir obtenu cette consécration en 1933) était chef au restaurant Pyramide à Vienne, en Isère. Durant la Seconde Guerre mondiale, alors qu'il est au sommet de son art et que les gens du monde entier viennent déguster ses plats, notamment son célèbre filet de sole aux nouilles, il décide de fermer son établissement plutôt que de servir l'état-major nazi. Ce géant de 1,92 m pour 165 kilos qui buvait un magnum de champagne par jour avait ce qu'on appelle à l'Académie française des «couilles au cul»! On ne le répétera jamais assez : «ON N'EST PAS DES ALLEMANDS... MERDE!»

- 45 -

ZÉRO

Ce chiffre faible, oui zéro c'est faible comme chiffre, on ne va pas se mentir, et bien il s'agit du nombre de conquêtes de M. Paul Préboist. Cet acteur aujourd'hui décédé, qui a joué dans d'innombrables films à succès, était d'une timidité maladive et, soyons honnêtes, n'avait pas tout misé sur son physique. Il n'a jamais bricolé un jambon, tapé dans un millefeuille, aucune marmelade d'abricot à son actif. Quand son copain Patrick Sébastien lui a demandé : «*Pourquoi ne vas-tu pas voir les professionnelles?*», il lui a simplement répondu : «*Il paraît qu'on peut avoir ça gratuitement, et avec de l'amour en plus.*» On espère que là-haut il s'en paye une bonne tranche ! Ne dit-on pas : les derniers seront les premiers?

- 46 -

DALÍ… DUR COMME UN CHAMALLOW

Le peintre à succès Salvador Dalí était impuissant. À l'époque, pas de pilule bleue magique. Sa chérie et muse, Gala allait donc folâtrer à gauche à droite pendant qu'il peignait dans sa résidence de Port Lligat à côté de Cadaquès. Pour conjurer le mauvais sort, dans sa résidence, il a fait construire une piscine toute en longueur, en forme de phallus géant, et a placé deux trônes en face, pour sa douce et lui. Le soir ils observaient main dans la main le sexe rêvé du génie… puis Dalí allait finalement se taper une bonne camomille !

- 47 -

LE PREMIER BOBO ?

Picasso disait : «*Je veux vivre comme un bohémien, mais avec énormément d'argent.*» Tu peux me rappeler la définition du mot bobo, Michel ?

- 48 -

BRONSON AVEC NOUS !

Charles Bronson s'appelait au départ Charles Buchinsky mais il n'avait que des 18ᵉ rôles. D'autant qu'à l'époque, un nom qui venait de l'Europe de l'Est, ça voulait dire que t'étais un communissssssss ! Le sympathique Hoover traquait les communistes ou supposés communistes comme un paparazzi les nouvelles conquêtes de DiCaprio. Alors, un jour qu'il est en voiture à Los Angeles, avenue Bronson, un de ses copains lui dit : « *Ça aurait de la gueule, Charles Bronson !* » Il a répondu par un laconique « *Ok* ». Le Carlito, c'était un peu l'inverse d'une coiffeuse de Saint-Chamond, il causait peu ! Sa spécificité, jusqu'à ses 60 ans, c'était d'être le seul acteur américain mondialement connu dont aucun film n'avait été un succès dans son pays ! Ce n'est qu'après avoir tourné sa série des *Justiciers* qu'il est devenu une star chez lui. Un ricain, c'est pourtant simple : un flingue, une course en bagnole et des méchants que l'on bute… surtout de dos et c'est un bingo, comme dirait l'inspecteur Bullit !

- 49 -

TROIS

Parfois, un chiffre vous colle à la peau ! Paul Bocuse, son chiffre c'était le trois ! En 2006, il déclarait : «*J'ai trois étoiles. J'ai eu trois pontages et j'ai toujours trois femmes ! Si je calcule le nombre d'années où j'ai été fidèle aux trois femmes de ma vie, j'arrive à 135 ans de vie commune !*» Pendant des décennies il a donc fait des rondes quotidiennes entre ses femmes qui habitaient à côté les unes des autres. Un thé chez l'une, un repas chez l'autre, une craquinette chez la troisième ! C'est vrai, après tout, c'est comme les saint-jacques : c'est bon en carpaccio, en tartare ou légèrement poêlées… Pourquoi choisir ?

- 50 -

L'ÉMISSION PRÉFÉRÉE DE MICHEL HOUELLEBECQ VA VOUS SURPRENDRE

L'émission que Houellebecq adore par-dessus tout, c'est « L'amour est dans le pré ». Il adore Karine Lemarchand pour son empathie, sa bonhomie, sa beauté évidemment et puis surtout il connaît tous les participants à l'émission. Un jour il a fait savoir qu'il viendrait volontiers sur le tournage du programme phare de M6. Alors vous allez me dire « Houellebecq dans "l'Amour est dans le pré", on s'en serait souvenu ?! » Exact, il n'a jamais voulu qu'on le filme. Simplement en off. Il a parlé avec tous les participants et a analysé les situations amoureuses de chacun ! L'écrivain mondialement connu aime finalement les gens sans particules... Élémentaire !

- 51 -

FAUSSE CITATION

Stephane Bern s'adressant à la princesse Kate lors d'une **tea party** ***à Buckingham Palace à propos d'une part de pudding tout à fait succulent qu'il vient de terminer :*** **« Si ça t'ennuie pas de lever ton gros cul, l'intrigante, je reprendrais volontiers de cette merde ! »**

- 52 -

COMME JOHNNY C'EST IMPORTANT DE RAPPELER LES ÉVIDENCES

À l'issue de sa victoire sur Jimmy Connors en demi-finale des Masters de tennis masculin de 1979 après seize défaites consécutives face à cet adversaire, le tennisman américain Vitas Gerulaitis déclara : «*Que ce soit une leçon pour vous tous. Personne ne bat Vitas Gerulaitis dix-sept fois de suite!*»

- 53 -

NAPOLÉON AVAIT UN MICRO-PÉNIS

Dans un documentaire diffusé sur Channel 4 en 2014, il est expliqué que le rapport d'autopsie avait révélé un sexe impérial de seulement 3,8 centimètres! C'est pour ça qu'il est aux Invalides et non au Panthéon... pas de place des Grands-Zobs pour Bonaparte!

- 54 -

UN CHIFFRE ÉTONNANT

Marilyn Monroe avait un quotient intellectuel plus élevé que celui d'Albert Einstein, à savoir 168! D'ailleurs dans ses notes qu'elle prenait partout, elle se révéla d'une acuité intellectuelle et d'une véracité sur la vie confondante! Mais le monde voulait la voir comme une blonde platine écervelée alors elle montrait ce que le monde voulait voir! On peut facilement passer pour un con quand on est futé... L'inverse reste évidemment à prouver!

- 55 -

CE QU'ON APPELLE UNE IDÉE À LA CON!

Jack Nicholson est au sommet de sa gloire. Il est connu pour avoir un léger penchant pour la cocaïne, l'alcool, les fêtes interminables et les femmes. Un jour qu'il organise une petite sauterie dont il a le secret, il a une idée formidable! Et si on remplissait le jacuzzi de Champagne! L'eau c'est tellement commun finalement. Il commande donc 800 bouteilles qu'il fait verser dans son «attrape-pépées». Il invite ensuite une célèbre mannequin de l'époque à le rejoindre, évidemment ils sont nus, faut rester simple dans ces affaires-là! Une heure après les pompiers étaient là, l'acidité du champagne avait en effet brûlé toute la flore de la jeune fille qui hurlait de douleur... Comme quoi les idées de génie à deux grammes et sous drogue ne sont pas les meilleures! Puis, Dieu créa Sanex!

- 56 -

LA PÉTANQUE C'EST SACRÉ !

Lorsque Lino Ventura invitait ses amis chez lui, l'été, il passait derrière les fourneaux et là, ça ne rigolait pas. Y avait du Charles Gérard, du Michel Audiard, du Bernard Blier, du Jacques Brel et j'en passe. Question accompagnement, imaginez que ça savait vivre ! Les apéritifs, le vin et les digestifs coulaient à flots ! Et puis derrière, à 16 h, sieste pour tout le monde. Certains évidemment voulaient continuer à tiser... « *Non, Messieurs ce sera sieste !* » Quand Lino cause, on l'écoute, alors ça va siester. Vers 18 h, pétanque mais attention, sans une goutte d'alcool ! La pétanque c'est sacré ! Dès lors, vers 21 h, lorsque le soleil commence à décliner, on peut gentiment se doucher puis passer à l'apéritif. Plus personne n'était saoul donc tout le monde était en pleine forme pour remettre ça le soir ! C'est ainsi qu'on peut, en une journée, profiter pleinement de ses copains deux fois au lieu d'une !

- 57 -

COPY COMIC TA MÈRE!

Le vol de blagues n'est pas une nouveauté. Coluche mandatait déjà à l'époque ses copains, dont Gérard Lanvin, pour aller faire le tour des cafés-théâtres et lui ramener des blagues. C'est ainsi qu'en 1974, lorsqu'il raconta «C'est l'histoire d'un mec» dans l'émission de Guy Lux, ce qui l'éleva au rang de star en dix minutes, il oublia de préciser que ce sketch était celui de son ami Rufus! (Mais si, le papa dans *Amélie Poulain.*) Lorsque Rufus, timide comme tout, dit à son pote : «*Euh, mais c'est mon sketch que tu as dit à la télé, Michel!*», Coluche répondit : «*Oui, mais je le raconte mieux que toi, donc désormais c'est le mien!*» Simple!

- 58 -

AU BAR, ON NE SE RÉJOUIT PAS DU MALHEUR DES AUTRES… MAIS PRESQUE!

Lorsqu'on voit un copain pilier de bar sombrer un peu plus que soi dans la folie, la maladie ou les deux, il ne s'agit pas de se réjouir mais disons qu'on est content que ça soit plutôt tombé sur l'autre quoi! Lucrèce avait même une analyse pour ça : *suave mari magno. «Il est doux, quand la vaste mer est soulevée par les vents, d'assister du rivage à la détresse d'autrui; non qu'on trouve si grand plaisir à regarder souffrir; mais on se plaît à voir quels maux vous épargnent!»* Je me demande si c'était pas un sombre connard, quand même, le Lucrèce!

- 59 -

CERTAINS COMPLIMENTS NE SENTENT PAS BON!

Sainte-Beuve à propos de Flaubert : «*Il a du style, il en a même un peu trop!*» J'ai l'impression de voir le gros Bébert, qui terrorisait tout le monde dans ma colonie de vacances, quand il me disait : «*T'es très sensible toi, non?*»

- 60 -

DU PANACHE… ENCORE DU PANACHE… TOUJOURS DU PANACHE

Charles-Antoine De Lasalle alias « El Picaro » était un général sous Napoléon, il secondait le frère de l'empereur, Joseph, au champ de bataille ! Son credo : *« Mourir avant 33 ans au champ d'honneur, sinon on n'est pas un vrai soldat !* » Issu d'une famille non fortunée, il aimait parfois rappeler que l'aristocratie vient surtout du panache. Un jour qu'il est avec ses hussards, à cheval dans la rue, il voit qu'une fête est donnée à l'étage par Mme Cesarini. Ni une ni deux, il demande aux hussards de l'attendre. Il part à cheval sous le porche, manquant de se briser la nuque, galope toujours dans les escaliers en marbre puis fait irruption au milieu du bal. Il fait dire à l'orchestre de continuer et fait danser son cheval pour terminer par une révérence, toujours sur son bourrin, devant Mme Cesarini. Une jeune veuve fort belle, des étoiles plein les yeux ! Il repart ensuite au galop et fut acclamé dans la rue par tous les hussards ! Quand on pense qu'aujourd'hui certains envoient des photos de leur appendice pour impressionner les dames… Que voulez-vous ? Tout se perd, ma brave dame !

- 61 -

ON VIT TOUS DANS UN GRAND SOUS-MARIN JAUNE!

Personne ne sait qu'en réalité le fameux signe de ralliement des rockers, le petit doigt et l'index levés, les fameuses cornes du diable, vient des Beatles. Ce signe apparaît pour la première fois sur la pochette de l'album *Yellow Submarine*, où l'on voit les quatre Beatles dessinés. John Lennon y est représenté faisant ce fameux signe au-dessus de Paul McCartney! Comme quoi, on peut rester très rock'n'roll avec une coupe au bol... C'est en tous cas ce que je me tuais à expliquer à Magali Gratoulin en 5ème 3, après les ravages de ma mère sur ma coiffure... Mais elle préférait ce bellâtre de Thomas Michelon.

- 62 -

LE MÉTIER LE PLUS CON DU MONDE!

Maria Carey a une assistante «chewing-gum»! Chaque fois qu'elle veut se débarrasser de son chewing-gum, le temps d'une interview par exemple, l'assistante arrive, garde le chewing-gum à plat dans sa paume puis la diva le récupère ensuite sans lui jeter un seul regard! Ah, quand on a la classe... *All I Want for Christmas is* POUVOIR TRAITER LES GENS COMME DES CLÉBARDS!

- 63 -

TOUJOURS RAPPELER LES ÉVIDENCES

Johnny Halliday, à propos d'une amie actrice de sa femme Laetitia (qu'on ne citera pas pour des raisons bassement pécuniaires, j'ai une ado à la maison donc pas assez de sous pour un procès), disait cette phrase absolument fabuleuse : «*C'est marrant parce que j'adore quand ta copine est à la maison mais j'adore aussi quand elle en part !*»

- 64 -

LE DERNIER ROI À FAIRE LA GUERRE

Le dernier roi de France à avoir fait la guerre est Louis XIII ! Louis XIV envoyait son frère. Certains disent que c'est l'amorce de la fin de la monarchie. Pour être roi, il faut mouiller le maillot en quelque sorte. D'accord pour les bringues, les orgies, les gueuletons à en dégueuler, d'accord pour les filles de joie, les impôts à outrance et, disons-le, un certain faste… Mais on a besoin de savoir que tout peut s'arrêter d'un coup ! Après, quand ils ont vu Louis XVI se passionner pour les serrures et sa femme batifoler dans les couloirs de Versailles entre deux macarons, le peuple a dit : «*C'est pas bientôt fini ces conneries, non ?*» Bon OK, je vous l'accorde, l'histoire n'est pas mon terrain de prédilection non plus… N'est pas Lorànt Deutsch qui veut !

- 65 -

FAUSSE CITATION

« Moi j'aimais bien la playmate du samedi soir, je pouvais me caresser les noix pendant que bobonne épluchait les oignons ! » Signé : le fameux Tonton bourré de Noël qui est l'alibi de toutes les saloperies qu'on pense quand même. »

- 66 -

URANUS – AVOIR UN BON COPAIN

Lors du tournage d'*Uranus*, Gérard Depardieu pour faire une farce à Luchini est allé dire à un figurant qui devait croiser Fabrice lors d'une prise que le réalisateur voulait finalement qu'il le frappe très fort dans le dos. «*Tu comprends, il joue le rôle d'un salaud alors forcément toi quand tu le croises, tu n'peux pas t'empêcher!*» Quand Depardieu te cause, naturellement, tu écoutes! Alors le figurant s'exécuta! Luchini hurla en disant : «*Mais qui est ce malade mental?*», pendant que Gérard Depardieu était hilare!

- 67 -

DEPARDIEU TOUJOURS

Lors du tournage du film *Les compères* de Francis Veber, il y avait un léger souci. En effet «le gros Gégé» avait tendance à prendre du poids les week-ends... D'une prise à l'autre, on le voyait donc avec des joues, un double menton, du ventre! Et malheureusement cela concernait également Pierre Richard, puisqu'il allait bourlinguer avec son copain, évidemment! Aussi, Veber prit une décision radicale. Il loua une maison, y installa Pierre Richard et Gérard Depardieu à l'étage. Il fit condamner toutes les portes-fenêtres du bas et gara sa voiture devant le portail pour que personne ne puisse partir! La nuit, comme deux pensionnaires canailles, les deux acteurs descendaient avec des draps noués aux barreaux du lit, poussaient la voiture discrètement et partaient faire la java. Au petit matin ils se faisaient généralement une omelette au lard avec un peu de jaja, habillés en tenue de gala! Lorsque Francis les surprit, Gérard, implacable dit : «*On répète notre rôle, mon Francis, et comme des bons élèves en plus : en costume!*» Francis savait évidemment que c'était que des foutaises mais en son for intérieur, il riait tellement! Et dire que dorénavant, lors des tournages, on vous propose du lait de soja... *Que misere, que misere*!

- 68 -

ANECDOTE MATTHEW PERRY

Matthew Perry aimait bien la bringue, on ne va pas se mentir. Un soir, dans un bar, alors qu'il joue déjà dans *Friends* et que sa notoriété grandit, il voit s'approcher de lui Night Shyamalan, le célèbre réalisateur de *Sixième Sens*. Évidemment, comme tout comédien, il rêve d'un grand rôle au cinéma. Ils commencent à sympathiser et boivent des verres en parlant cinéma, musique, histoires du métier, blagues potaches, etc. Puis Matthew, voyant sa chance augmenter au fur et à mesure des godets envoyés, propose au réalisateur de continuer la soirée au restaurant. «*Bien sûr, avec plaisir!*», lui répond son nouveau copain de bar. Des amis de Night les rejoignent et ils font un repas extraordinaire où tout le monde rigole. À un moment donné, alors que Matthew et son acolyte discutent en tête-à-tête, Matthew dit : «*Je rêve de bosser avec vous!*» Là, l'autre écarquille les yeux et ne semble pas comprendre... Matthew se tourne alors vers un proche du réalisateur et dit : «*J'ai comme l'impression que votre ami Night Shyamalan n'est pas vraiment prêt à me faire tourner!*» L'autre lui a répondu : «*Qui ça?*» Il ne s'agissait absolument pas du réalisateur! Les quelque 50 mojitos avaient visiblement eu raison de l'acuité visuelle de notre *friend* préféré! Ceci dit une fois j'ai été persuadé de voir Scarlett Johansson servir des jaunes dans un PMU de Bas-en-Basset!

- 69 -

CITATION QUI SENT FORT

« Le français c'est comme le Camembert, c'est sympa mais ça supporte mal le voyage ! »

Coluche

- 70 -

FAUSSE ANECDOTE

Lors d'une soirée «F*** ME I'M FAMOUS» organisée à Marseille, Katsuni aurait dit à Jean-Luc Mélenchon : «*La raie publique c'est moi!*»

- 71 -

POURQUOI NAPOLÉON METTAIT-IL SA MAIN DANS SON VESTON ?

Il ne s'agit nullement d'un problème à l'estomac, contrairement à ce qui a été avancé. Il suffit de relire (oui, je me doute bien que vous n'allez pas le faire, honnêtement c'est d'une chiantise infinie) l'excellent ouvrage de Jean-Baptiste de la Salle intitulé *Les règles de la bienséance et de la civilité chrétienne*. Dans cet ouvrage il dit que tout bon catholique (et Napoléon l'était) ne doit jamais avoir les bras ballants mais doit toujours avoir une posture des bras élégante et digne. Si tu lis ce passage sur les gogues, les pattes écartées, dis-toi que ce n'est pas grave, mais que tes chances de devenir empereur sont compromises.

- 72 -

UN NOM ÇA CHANGE TOUT

Le premier nom trouvé pour la troupe du Splendide était « La compagnie de la turlutte » ! On ne va pas se tirer les cartes entre gitans, « La troupe du Splendide » ça claque mieux ! C'était le nom du théâtre qu'ils ont bâti de toutes pièces. Après, c'est vrai qu'un nom c'est important... Si le presbytère à côté de chez moi s'était appelé « La compagnie de la turlute », j'image que je parlerais couramment latin !

- 73 -

JIM MORRISON, OLIVER STONE, COPPOLA ET LE VIETNAM !

Oliver Stone a signé en 1991 un biopic sur Jim Morrison intitulé sobrement *The Doors*, comme le groupe dont il était le leader charismatique. Mais l'histoire ne commence pas là. Oliver Stone était littéralement fasciné par le chanteur californien. Aussi en 1971, il envoya à Jim Morrison le scénario de *Platoon* dans l'espoir que ce dernier accepte de jouer le rôle qui fut finalement tenu par Charlie Sheen. Mais il se trouve qu'il n'a jamais eu de réponse car le chanteur s'est envolé peu de temps après pour Paris où il mourut le 3 juillet 1971. Huit ans plus tard, Francis Ford Coppola utilisera la musique « The end » des Doors pour la première scène d'*Apocalypse Now* ! Les Doors signèrent également un manifeste contre la guerre du Vietnam dans leur chanson « The Unknown Soldier ». On peut dire qu'entre Morrison et le Vietnam c'est un grand « Je t'aime, moi non plus » !

- 74 -

919

C'est le nombre de partenaires sexuels que Lisa Sparxxx a eu en 2004 à Varsovie dans le plus grand gang-bang de l'histoire ! Chapeau bas ! Et dire que je me vante d'en être à 28 partenaires… enfin cinq et demi si on enlève les rapports tarifés évidemment !

- 75 -

UNE SIMPLE HISTOIRE DE PÉNÉTRATION

On dit qu'à l'instar de Louis XVI, Hitler souffrait d'un phimosis à savoir un rétrécissement du prépuce qui empêche de décalotter. Dès lors il ne pouvait pénétrer Eva Braun ! J'ai envie de dire, moi aussi si je n'avais pas pu faire l'amour, j'aurais certainement envahi la Pologne !

- 76 -

FAUSSE CITATION

« Si elle n'avait pas été la fille adoptive de ma femme, je l'aurais fourrée quand même ! »

Woody Allen

- 77 -

FAUSSE ANECDOTE

Lorsque Sandrine Rousseau est venue me voir au théâtre, elle a vomi avant de rentrer dans la salle ! Ce qui me vaut encore quelques éloges de mes potes à SUV lorsque j'organise des barbecues à masculinité toxique !

- 78 -

RENCONTRE

En 1981, Coluche est au plus mal. Il a eu une année éprouvante avec cette mauvaise farce sur sa candidature aux présidentielles, il a reçu des menaces de mort, il est plongé dans de sombres addictions. Il décide de partir seul dans les Alpilles, non loin de Saint-Rémy-de-Provence et débute un roman qu'il n'achèvera jamais : *Cancer du tropisme*. Un soir il va dîner seul au restaurant et se retrouve nez à nez sur Kim Basinger. Elle a alors 26 ans, elle est mannequin et elle est là pour un shooting photo pour le magazine *Vogue*. L'agent français de Kim présente la ravissante à l'humoriste. Elle, ne parlant pratiquement pas un broc de français et lui ne causant pas rosbif, la discussion fut compliquée au début mais Miss Basinger fut littéralement attirée par le charme de notre Michel national... Ils filèrent alors en catimini dans la maison de location du comédien et là... Non mais sans déconner ?! Vous avez cru à cette histoire ?!! Coluche qui se tape Kim Basinger, on l'aurait su non ?!! Bande d'enfoirés !!

- 79 -

COLUCHE TOUJOURS

Lorsqu'il a obtenu son César en 1984 pour *Tchao Pantin*, tout le monde pensait qu'il était heureux comme un pape. Que nenni ! Déjà il en voulait à Claude Berri qui s'était servi de sa dépression dans son film, et puis il n'était pas dupe des éloges sournois des « professionnels de la profession ». Il se retrouva après la cérémonie, un peu éméché, sur les Champs-Élysées. Un copain lui dit : « *Ça y est, t'es arrivé là où tu voulais !* », et notre « Géraaaaard » éternel de répondre en montrant l'affiche du numéro 1 du box-office de l'époque : « *J'en ai rien à foutre des Césars moi, moi c'est des millions d'entrées que j'veux faire !* » La même année il fut à l'affiche de *La Vengeance du serpent à plumes* de Gérard Oury qui totalisa 2663303 entrées en salle. Il voulait le public et non les honneurs... il eut donc le public ET les honneurs ! À jamais le premier !

- 80 -

UNE VRAIE RÉPONSE DE STAR

Quand on demanda à Brigitte Bardot quelle fut sa plus belle journée, elle répondit très naturellement : « *Ce fut une nuit !* »

- 81 -

QU'EST-CE QU'UNE RÉPARTIE QUI TUE ?!

Un jour sur le plateau de «Tout le monde en parle», célèbre émission présentée par Thierry Ardisson, le présentateur interviewait le chanteur Dave. Celui-ci de dire à un moment : «*Vous savez on me prend pour un chanteur à midinettes un peu écervelé mais je lisais* Les Trois Mousquetaires *dès mon plus jeune âge!*», et Laurent Baffie de lui répondre : «*L'étroit mousquetaire avec un L apostrophe?*» Trois secondes d'attente avant la compréhension de cette *punchline* de l'espace et le public et l'homme en noir riaient à gorge déployée. En fait c'est ça une répartie qui tue... tellement bonne qu'on ne peut plus se concentrer sur le reste de l'interview !

- 82 -

AMOURS SECRÈTES

Louis de Funès était secrètement amoureux de sa partenaire régulière au cinéma Claude Gensac qui interpréta sa femme dans plus de dix films. Bien après la mort de l'éternel gendarme de Saint-Tropez c'est Michel Galabru qui confia cela à Mme Gensac. À aucun moment il ne fit la moindre remarque, un seul regard insistant ou moindre sous-entendu... Pour paraphraser la célèbre scène de *La Grande Vadrouille* : «*Two for tea and so Me Too*»!

- 83 -

GÉNIE TOTAL DIRAIT LUCHINI

« Je suis jeune depuis si longtemps que je ne me suis pas vu vieillir ! »

Johnny Hallyday

- 84 -

FAUSSE CITATION

« J'ai plusieurs fois, en vain, proposé à Johnny mes portes du pénis entier ! »

Michou

- 85 -

FAUSSE CITATION

« Si je suis désolée, tu m'as fait acheter des céréales Lion, tu les termines pour être bien en forme pour ton conseil des ministres ! »

Madame Attal

- 86 -

UNE VRAIE RÉPONSE DE STAR (BIS)

À la question «*Quel est le plus beau compliment que vous ayez reçu?*», Catherine Deneuve répondit : «*Un homme un jour m'a bousculé à la sortie d'un théâtre, lorsqu'il m'a reconnu il a dit : "Pardon Monsieur" !*»

- 87 -

BREL ÉTAIT PROFONDÉMENT MISOGYNE

C'est amusant car avec son chef-d'œuvre «Ne me quitte pas», tout le monde était persuadé que Jacques Brel était un écorché vif, au cœur d'artichaut, grand sensible et sous l'emprise des femmes. Elles voyaient donc le crooner belge aux longs bras comme une petite chose à protéger. Si vous lisez ses biographies et particulièrement ses interviews, il y explique très bien qu'il n'apprécie vraiment que la compagnie des hommes et que les femmes, hormis pour... bref, ça n'était pas vraiment son truc quoi! Alors que moi, OK, je passe mon temps à dire des horreurs, mais au fond, c'est moi l'écorché vif, le cœur d'artichaut, le grand sensible... c'est trop p'injuste!!

- 88 -

BRASSENS AVAIT LE SENS DE LA DETTE

Brassens a été hébergé pendant 22 ans aux frais de ses hôtes, Jeanne et Marcel, à Paris au numéro 9 de l'impasse Florimont dans le XIVème arrondissement. Pendant plus de dix ans, il n'avait aucun revenu et il était nourri, logé et blanchi. Bon, on ne va pas se mentir, il savait dire merci à la dame ! Et puis, lorsqu'il eut du succès puis qu'il se mit à gagner beaucoup de sous, il racheta ladite maison et leur en fit cadeau. C'est pas mon beau-frère qui me rendrait les 500 balles que je lui ai prêtées y a deux ans pour emmener sa secrétaire au Grau-du-Roi... non rien pardon, je m'égare ! Enfin, comme dirait le roi Arthur dans *Kaamelott* : « *Là je dis, y a beau geste !* »

- 89 -

ET BEN ON N'EST PAS SORTI DES RONCES !

« *La seule révolution possible, c'est d'essayer de s'améliorer soi-même, en espérant que les autres fassent la même démarche. Le monde ira mieux alors !* » (Georges Brassens) C'est une phrase magnifique à laquelle on ne peut qu'adhérer... enfin jusqu'à ce qu'on allume BFM TV, quoi !

- 90 -

SONT POURTANT FUTÉS LES NOTAIRES, NON ?

À Toronto, un notaire voulait montrer à quel point les vitres d'un immeuble étaient solides. Il s'élance et donne un coup d'épaule dans la vitre qui se brise. L'homme de loi est tombé de 24 étages ! Reste à espérer qu'il avait rédigé son testament !

- 91 -

UN PEU DE DOUCEUR DANS CE MONDE DE BRUIT !

Jacques Dutronc a une passion pour le sommeil. À l'époque où il habitait rue de Provence, chez ses parents, il y avait des travaux en bas de sa rue ! Réveillé à 8 h 30 par ces satanés marteaux-piqueurs ! Souvent Françoise dormait avec lui. Et puis un jour Françoise constata que les ouvriers commençaient bien plus tard. Elle dit à Jacques : «*Ils commencent plus tard, des voisins ont dû se plaindre* ! » Jacques répondit simplement : «*Je m'en suis chargé.* » «*Comment ça ?* » «*Et bien je leur ai filé du fric pour que le matin ils aillent chez les prostituées au lieu de nous casser la tête !* » En résumant, suffisait de remplacer le marteau-piqueur par le marteau-pilon !

- 92 -

MOLE POBLANO !

C'est une sauce au chocolat que les Mexicains servent généralement avec une viande blanche. C'est un plat de fête. Beaucoup de contes racontent son origine. Une des fables dit que c'était pour repousser l'ennemi. Quand les conquistadors sont arrivés, ils auraient demandé le plat des dieux. Là, les populations locales se seraient dit un truc du style : «*Tu vas voir ce que je vais y fourrer dans ton plat des dieux, moi!*» Et là ils ont mis du chocolat dans la sauce. Un peu comme les «pâtes à la Boudoni» de notre regretté Alex Métayer. Contre toute attente, ce fut absolument délicieux. Plein de mythes viennent contredire cela… Ceci étant quand ma belle-doche a essayé de faire une sauce mole poblano pour les fêtes, je n'dois pas avoir du sang conquistador car j'ai tout gerbé ! J'ai bien compris le message Patricia, je dégage, je dégage!!

- 93 -

JOHNNY BLAGUIN… HUMORISTE !

Un jour Johnny dit à un fan qui le suivait partout : «*Attends-moi après le resto, j'ai une surprise pour toi !*» Imaginez la réaction du fan. C'est Kenji Girac au Salon de la caravane, le gazier ! Il clignote ! À la sortie, Johnny va le voir et lui confie les clefs de sa Ferrari. «*Écoute, fais-toi plaisir, mais tu me la redéposes ici même au petit matin d'accord ?*» Le mec n'en croit pas ses yeux. Deux heures après, Johnny appelle le commissariat et explique qu'on lui a volé son bolide ! Bingo, le type est retrouvé non loin de là, sur les routes du Var. Le mec est effondré et tente vainement de s'expliquer auprès des policiers… jusqu'à ce que Johnny arrive avec du Champagne et explique son «Surprise sur prise» à la police nationale, hilare évidemment ! Punaise, on savait rigoler en ce temps-là, Madame, voilà tout !

- 94 -

UN DUO MÉCONNU

Dans les années 60, décidément quelle époque, Guy Bedos et Jean-Paul Belmondo ont formé un duo comique ! En effet, dans les rues froides de Paris, ils reprenaient les sketches de Pierre Dac et Francis Blanche, les pionniers de l'humour d'après-guerre ! Deux rigolos pleins de poils ces deux-là… de vrais singes en hiver !

- 95 -

ÉVIDENCE

« Si tu appelles une voyante et qu'elle ne sait pas qui tu es, raccroche ! »

Jean-Claude Van Damme

- 96 -

NAPOLÉON ET LA FORÊT NOIRE!

Napoléon Bonaparte adorait quand Joséphine de Beauharnais sentait, disons un peu fort… à l'endroit où les chiens reniflent quoi ! Il écrivait à son grand amour des lettres enflammées depuis le front. Bon, comme on dit vulgairement, elle n'avait pas attendu Napo pour faire ronronner le moteur, la Martiniquaise ! Mais voilà, il voyait en elle l'impératrice qu'elle est devenue ! Napoléon était donc l'exact inverse du cultissime Jean-Luc Bideau dans *Et la tendresse ? Bordel !* lorsqu'il dit : « *Tu peux te laver les fesses, j'arrive !* » Toujours ce panache à la française !

- 97 -

VAN GOGH N'A JAMAIS DONNÉ SON OREILLE A UNE FILLE DE JOIE!

Attention, je n'ai rien contre les filles de joie... y a pas de sot métier. Mais une légende persiste comme quoi, après s'être découpé l'oreille suite à une violente dispute avec Paul Gauguin à Arles, Van Gogh aurait mis le tout dans un torchon et offert cela à une professionnelle en bas de chez lui. Que nenni ! Il l'a offerte, attention, accrochez-vous, à une femme se faisant appeler Rachel qui travaillait en tant que femme de ménage dans une maison de tolérance – oui un bordel, Michel ! Mais à l'époque dire qu'on travaillait dans un bordel signifiait qu'on était soi-même de petite vertu ! Alors, tel un avatar sur les réseaux sociaux, Rachel s'appelait en fait Gabrielle ! Elle quitta l'établissement un an après l'affaire et se maria. La famille refuse encore aujourd'hui de révéler le nom de famille de cette fameuse « Gabrielle » ! Dire que Gabrielle était une professionnelle, désolé, mais moi j'appelle ça un p'tit coup d'pute !

- 98 -

QUI TOUCHA LE PACTOLE A LA MORT DE MARILYN MONROE?

Marilyn n'avait pas d'héritier. Après sa mort tragique le 5 août 1962, c'est Lee Strasberg, l'acteur, réalisateur et célèbre professeur de l'Actors Studio qui géra la fortune de la star jusqu'à sa propre mort 1982 ! Son projet « Certains l'aiment froide ! » n'aurait jamais vu le jour !

- 99 -

FAUSSE CITATION !

« Vous auriez ce string en taille 50 ? »

Gérard Larcher

- 100 -

TRISTE RECORD

Pour la saison 2021-2022, les Restos du Cœur ont servi 140 millions de repas ! Créée en 1985 par Coluche, cette association devait être éphémère et faire rougir de honte les politiques ! Ironie du sort, on raconte que certains politiques de l'époque qui n'ont rien fait pour enrayer cela seraient parfois les infortunés clients de l'établissement ! Si on dit qu'un politique ne meurt jamais, Coluche, lui, malheureusement si !

- 101 -

TOTALEMENT FAUX

Le nom du groupe NTMserait né de la frustration des deux copains Joey Starr et Kool Shen lorsqu'ils ont regardé *Retour vers le futur*. Alors que la mère de Marty s'apprête à pécho son gosse retourné dans le passé en 1955 et le voyant décliner la proposition de sa daronne, les deux compères auraient hurlé de concert : « *Maisnique ta mère, sérieux !* »

- 102 -

ET COMME DISAIT FABRICE DE L'ÉMISSION « LA CLASSE » : « *ET C'EST TELLEMENT VRAI.* »

« Il faudrait un jour que je lise tous les livres que j'ai conseillés ! »

Sacha Guitry

- 103 -

ALORS ÇA, MON VIEUX ? J'AURAIS JAMAIS DEVINÉ !

Maïté, la célèbre animatrice de l'émission « La cuisine des mousquetaires » était en réalité parisienne, végétarienne et n'avait pas d'accent. À l'instar de Chaplin avec sa moustache, sa canne et son chapeau, elle, ce qui plaisait au public c'est son rôle de bonne vivante à l'extrême en robe à fleurs, sans chichi. Imaginez quel pensum ce fut pour elle que de faire semblant pendant toutes ces années. On se souvient de la scène où elle tue une anguille, déguste un ortolan ou jette des homards vivants dans une casserole d'eau bouillante. Lorsqu'elle sortait de l'émission, elle allait vomir et demandait à son coach de vie de la déposer à l'église pour y faire ses ablutions ! Mais non… oh la la, je vous ai bien eu, c'était pour l'émission « Surprise sur prise » de Marcel Béliveau !! (Mon Dieu, les références de boomer.)

- 104 -

MOZART ÉTAIT SCATOPHILE

Il est vrai que lorsque l'on fait le conservatoire de musique ce n'est pas l'information qu'on vous délivre en premier. Mais c'est un fait historique, puisque dans les correspondances que le génie entretenait avec sa cousine Maria Anna Thekla Mozart, il parlait très souvent de scatologie. Exemple : «*Eh bien je vous souhaite une bonne nuit, chiez sur le lit, de sorte qu'il craque, dormez bien, tendez votre cul à la bouche.*» Bon on ne va pas se tirer les cartes entre gitans, il était meilleur compositeur qu'écrivain! Certains disent que «requiem» est la contraction de «Raie-cul-il-aime»... enfin, ça reste à prouver!

- 105 -

HUIT

Voilà ce qu'on peut appeler un chiffre porte-bonheur pour la regrettée Françoise Sagan, célèbre romancière mondialement connue grâce à son livre *Bonjour tristesse*. Alors attention, la Francesca, pour la bamboche, c'était pas la dernière. Elle avait pour habitude de louer près de Deauville, en Normandie, le manoir du Breuil, pour ses amis et elle. Au petit matin du 8 août 1958, les chiffres ont leur importance, alors qu'elle était déjà à huit grammes et à huit paquets (là j'en rajoute un peu parce que l'écrivaine aimait bien un peu toutes les addictions... «*Bonne vivante, docteur*»), et bien elle jouait au casino. Elle avait gagné un peu de sous. Ses amis lui conseillèrent d'arrêter. Que nenni! Elle décida de tout miser sur le 8! Et devinez ce qui sortit? Bam, le 8! 80000 francs de gain! Croyez-moi, c'était une somme! Elle mit l'argent dans un sac et ils rentrèrent à la demeure de location, c'était le jour de l'état des lieux de sortie. La Sagan était claquée, elle dit : «*Où puis-je aller dormir?*» On lui répondit qu'il fallait quitter les lieux. Elle demanda alors si la maison était à vendre. On lui répondit que oui. «*Combien?*» «*80000 francs.*» «*Parfait*», dit-elle! Elle déposa le sac sur la table. «*Vous pouvez recompter mais il y a 80000 francs dans ce sac!*» Puis elle partit se coucher... chez elle, désormais!

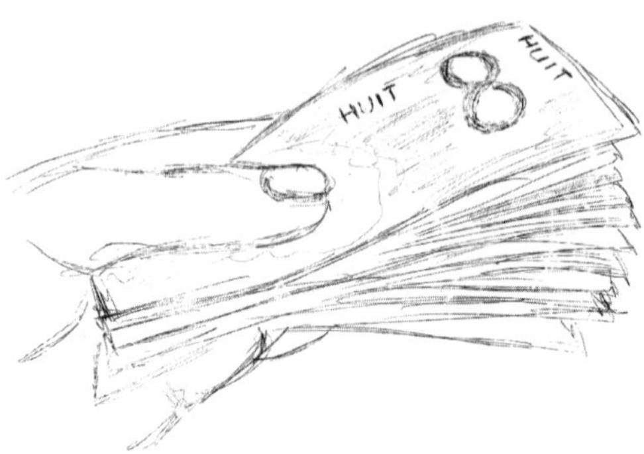

- 106 -

LA PARITÉ ? VOUS ÊTES SÛRES, MESDAMES ?

« Il ne m'est jamais venu à l'esprit de traiter les femmes comme mes égales. Quelle femme aimerait être traitée comme l'égale d'un gros barbu, vieux et soupe au lait ! »

Jean Yanne

- 107 -

C'EST PAS FAUX

« *Il faut faire des enfants quand on est vieux, on les emmerde moins longtemps !* »

Jean Yanne

- 108 -

LÉGÈREMENT SCHIZOPHRÈNE, LE PÈRE ALFRED NOBEL

Celui qu'on associe généralement à la paix est l'inventeur de la dynamite aux alentours de 1847. Qu'il ne cessera d'améliorer pour la rendre de plus en plus résistante et de plus en plus efficace. Marchand d'armes, il fit fortune. Mais en 1864, un accident fait sauter l'usine Nobel, tuant par la même cinq personnes, dont son jeune frère, Emil. Un journal, croyant que c'était Alfred qui avait péri, titra : «*Le marchand de mort est mort.*» Cela n'empêcha pas Alfred, jusqu'à sa mort en 1896, de vendre des explosifs de guerre en masse. Et puis, à la surprise générale, Alfred demanda dans son testament qu'une partie de son immense fortune serve à créer une fondation pour récompenser les plus grands scientifiques et également ceux qui œuvrent pour la paix ! Paix ce que j'dis, parce que j'fais !

- 109 -

LA DÉFINITION DU BONHEUR

« Le bonheur, c'est le malheur mais avec un bon pharmacien ! »

Professeur Chicambos

- 110 -

POINT COMMUN

Qu'ont en commun Muriel Robin, Bernard Lavilliers, Difool, Alain Prost, Piem, Jules Massenet et votre serviteur? Eh bien tout simplement que nous sommes tous originaires de la Loire et comme vous le savez, «*Nul n'est censé ignorer la Loire!*»… Enfin je dis ça, je suis né à Bron, dans le Rhône, mais ayant débarqué à six jours à Saint-Étienne, la quenelle que j'étais n'était donc pas bien grande!

- 111 -

QUAND ON PARLE D'ACTORS STUDIO

Le 15 mars 2000 sortait le film *Man on the Moon* de Milos Forman avec Jim Carrey incarnant Andy Kaufman, un humoriste totalement décalé des années 70. Un jour, Jim Carrey a déclaré que des dauphins étaient venus lui expliquer qu'Andy allait se réincarner en lui le temps du tournage. Dès lors, pendant toute la durée du tournage, Jim refusa qu'on l'appelle Jim mais seulement Andy. Plus incroyable encore, lorsque Jim/Andy s'adressait à la famille de Andy présente sur le tournage, il leur racontait des anecdotes que seul Andy pouvait connaître! Plus tard, Jim Carrey a dit qu'Andy l'avait quitté et lui avait rendu sa vie de Jim! Quand je pense que certains disent qu'ils sont tarés à Hollywood!

- 112 -

POURQUOI Y-A-T-IL TOUJOURS UN MOUSTACHU QUI SE LAVE LES MAINS AUX TOILETTES DES STATIONS-SERVICE ?

Ces personnes sont tout simplement payées par le gouvernement pour nous espionner et mettre des puces intégrées dans nos cerveaux pour servir de banque de données à l'intelligence artificielle qui va finir par créer une armée contre les humains ! C'est en tous cas ce qu'affirme mon beau-père Jean-René après douze bières à Noël ! Il conclut généralement par : «*D'façon, Terminator 2 pour moi, c'est un documentaire !*» Bon heureusement vu ses dernières analyses, il ne devrait pas voir les JO 2028 !

- 113 -

QUAND ON REGARDAIT LE MONTANT DU CHÈQUE DE MAMY AUX TOILETTES A NOËL !

C'est Noël, c'est beau. Tout le monde est bien habillé. Seulement, il y a une vraie interrogation. «*Combien?*» Attention, l'amour qu'on renvoie à sa grand-mère n'est pas proportionnel au montant… pas de ça chez nous mais bon… On a 20 ans, évidemment, on est à découvert à cause de la bringue et on va dire qu'un petit remontant ne ferait pas de mal ! On se voit remettre la fameuse enveloppe avec son prénom dessus. On range ça dans sa poche en faisant des gros bisous à notre grand-mère d'amour. On dit même : «*Fallait pas*», sans regarder le montant. On est bien élevé, oui ou merde?!! Et puis on profite d'une pause pipi pour décacheter l'enveloppe et découvrir le butin… «*Punaise la s…….* !» Oui, bien sûr, 200 euros c'est une somme à 15 ans mais à 20? Je rembourse même pas mon dealer moi ! Et dire qu'aujourd'hui on payerait tout l'or du monde pour lui parler encore… enfin on réclamerait bien son p'tit chéquos, quand même, les habitudes sont les habitudes !

- 114 -

PAS TOUJOURS LA MORT QU'ON MÉRITE !

Jacques Martin, l'illustre animateur télé, est mort seul au bord de l'océan. Il séjournait à l'hôtel du Palais, à Biarritz. Au début, bien sûr, il avait de la visite. Puis les visites se sont espacées. Lui qui découvrit tant de talents, mis tant de personnes à l'honneur restait là, seul, devant son poste de télévision. Pour citer le professeur Chicambos : *« Il y a le monde des vivants et le monde des morts, entre les deux il y a une télécommande ! »*

- 115 -

POURQUOI CERTAINES VEDETTES DEVIENNENT ODIEUSES ?

J'ai ma petite théorie sur le sujet et cela vient de la sollicitation. Lorsque les stars deviennent stars, elles sont sollicitées sans cesse : interviews, pubs, actions caritatives, escrocs en tous genres, projets fumeux, arnaques, pique-assiettes, poissons-pilotes... Alors au fil des années elles deviennent de plus en plus méfiantes ! L'être humain n'est finalement qu'une immonde limace rampante et toxique qui n'en veut qu'à sa lumière et son pognon ! Dès lors, après avoir goûté tous les fruits de l'arbre, croqué à toutes les coteries et observé la véritable nature de l'être, la star opère un repli sur soi et développe une condescendance accrue envers ses semblables ! Alors bon, quand ce sont des stars de cinéma qui ont tourné 300 films, on tolère. On tolère tout aux génies pour paraphraser Luchini... mais de la part d'une influenceuse de 19 balais, là y a des limites !

- 116 -

LE NOMBRE D'OR

« Quand on est plus de quatre on est une bande de cons. A fortiori, moins de deux, c'est l'idéal ! »

Pierre Desproges

- 117 -

COCORICUL !

Le premier film érotique de l'histoire du cinéma a été tourné à Paris ! Il n'aura pas fallu longtemps à l'hubris pour se dire qu'une caméra et un morceau de plumard, ça pouvait aisément faire la blague ! Bam ! Ça s'appelait *Le coucher de la mariée* et ça date de 1896 ! Bon il s'agit d'une jeune mariée qui se dévoile, couche après couche (le fim s'arrête qu'il lui en reste encore 17 !) et son mari derrière un paravent ! On est encore très loin du gonzo mais bon… petit à petit l'oiseau sort du nid !

- 118 -

AMANDA LEAR AURAIT RÉELLEMENT ÉTÉ UN HOMME ?

Là encore toute sorte de théories existent. Elle serait née Alain Tapp ou Alain Tap à Saïgon. Les histoires les plus folles circulent à son sujet comme quoi elle aurait été un dealer, un certain « Peki d'Oslo » qui vendait de la drogue à Londres notamment aux stars du rock de l'époque ! Amanda a tellement su déjouer les rumeurs, les cartes, les interviews, jouer avec ses propres mensonges que finalement la vraie réponse est celle-ci : Amanda Lear est Amanda Lear et sa part de mystère fait partie intégrante d'elle-même ! Alors chuuuttttttt !

- 119 -

AUDIARD TOUJOURS

***« Dans la vie,
il y a deux
expédients
à n'utiliser
qu'en dernière
instance :
le cyanure et la
loyauté ! »***

Tiré du film Le Gentleman d'Epsom

- 120 -

FAUSSE CITATION (IL AURAIT PU)

« Ce qui me dérange, c'est pas tant qu'il soit si con, c'est surtout qu'il soit dans la même pièce ! »

Michel Audiard

- 121 -

FAUSSE CITATION

« On ne peut plus rien faire dans ces sociétés aseptisées, tout le monde est une victime, désormais. Mais alors des nains qui courent, ça les fera toujours marrer ces crevards ! »

Passe-partout

- 122 -

AINSI PARLAIT ZARATHOUSTRA... À MA PLACE!

Nietzsche entretenait des rapports, disons légèrement complexes avec sa sœur Elizabeth. À la mort du philosophe, le 25 août 1900, elle reprit les rênes de l'héritage artistique de son frangin. Bon, la sœur était, selon les historiens «complètement barge». Elle passa donc sa vie à travestir la pensée de son «fraté» jusqu'à expliquer qu'il croyait, à l'instar des nazis, à la supériorité de la race aryenne! Le Fred a dû se retourner mille fois dans sa tombe! Pour citer Proust (pas Gaspard, l'autre) : «*Nous tenons de notre famille aussi bien les idées dont nous vivons que la maladie dont nous mourrons!*»

- 123 -

LA THÉORIE DU BOOMERANG!

Hervé Bazin, auteur à succès a écrit notamment *Vipère au poing*, le livre qui l'a rendu célèbre, qui retraçait sa relation désastreuse avec sa mère qu'il appelait «Folcoche» pour «Folle cochonne». Ils se détestèrent mutuellement durant toute leur vie... Mais lorsqu'elle tomba gravement malade, elle décida de venir mourir non pas chez ses autres enfants, mais chez lui, le petit Hervé! Deux théories s'affrontent : 1°) Soit elle voulait vraiment l'emmerder jusqu'au bout! 2°) Soit c'était de l'amour vache! Hervé étant aujourd'hui décédé, ils doivent poursuivre ce débat là-haut, je suppose!

- 124 -

LE BAL DES POMPIERS

Une légende urbaine dit que certaines femmes, souvent bourgeoises, tapent à la porte de la caserne des pompiers pour avoir des rapports, disons dynamiques avec plusieurs d'entre eux... Une autre légende urbaine tendrait à dire qu'il ne s'agit absolument pas d'une légende urbaine ! Et dire qu'on appelle ma tante « Feu Follet » !

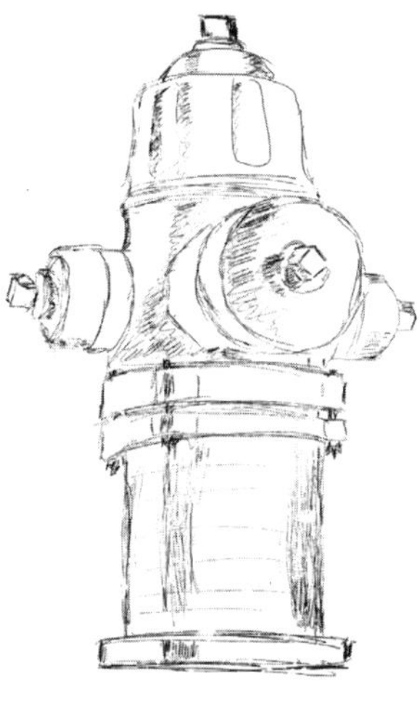

- 125 -

FAMILLE… TOUJOURS

« Le bonheur, c'est d'avoir une grande famille, soudée, attentionnée et protectrice… mais dans une autre ville ! »

Georges Burns

- 126 -

PÈRE TOXIQUE

Le père de Sylvester Stallone était violent et excessivement jaloux de son fils. On dit même que « Sly » a pris de la masse pour bien expliquer à son père qu'il ne fallait plus l'ennuyer. Monter *Rocky* fut extrêmement difficile pour Stallone car tout le monde trouvait qu'il n'avait pas un physique de cinéma. En 1975, on lui proposa même de racheter son scénario pour 275000 dollars ! Mais il ne céda pas, alors qu'il vivait à moitié à la rue. Puis lorsque *Rocky* sortit au cinéma, en mars 1977, Sly devint une star du jour au lendemain. Peu de temps après, Franck, son père, alla voir les producteurs du film en disant qu'il avait un scénario béton, le vrai Rocky, qu'il avait écrit avant son fils, l'histoire d'un boxeur ringard qui devient champion ! Ah, la famille !!

- 127 -

ROCKY TOUJOURS

Une scène culte du film est le premier baiser très maladroit entre Adrian (Talia Shire) et Rocky (Sylvester Stallone) dans le premier volet de la série. Cette scène n'était pas du tout écrite comme ça mais il se trouve que l'actrice avait la grippe ce jour-là et qu'elle ne voulait tout simplement pas contaminer l'acteur principal. Le bon cinéma, ça tient parfois à un bon scénar et à quelques miasmes !

- 128 -

ALFRED HITCHCOCK… FRUSTRÉ !

Le génie de l'angoisse n'a jamais pu avoir de relation sexuelle avec aucune de ses actrices fétiches. C'est pas qu'il voulait être fidèle, il l'était par obligation ! Cette frustration fera qu'il malmenait souvent ses actrices jusqu'à les pousser à bout ! On imagine qu'il devait dire à ses potes de bar : «*C'est ma seule façon de les faire crier !*»

- 129 -

C'EST QUI LES PATRONNES ?

En 1933, pour la première fois, le guide Michelin décerna ses fameuses trois étoiles à trois lauréats. Il s'agissait de deux femmes triplement étoilées, Marie Bourgeois (dit la mère Bourgeois), d'Eugénie Brazier (dit la mère Brazier) et de Fernand Point (dit Fernand Point) ! «*Alors ma poule, c'est qui les patronnes ?*» Tous ces restaurants étant dans la région lyonnaise, cela fit de Lyon, la capitale de la gastronomie !

- 130 -

POURQUOI ARETHA FRANKLIN CHANTAIT SUR SCÈNE AVEC SON SAC À MAIN ?

Tout simplement parce qu'il contenait le montant de son cachet payé en espèces. Elle refusait de chanter avant d'avoir été payée. Tant de chanteurs et chanteuses de l'époque se faisaient arnaquer par des producteurs véreux (pourtant c'est pas le genre !). L'avoir sur scène, ça évitait de se le faire chouraver en coulisse ! Moi je dis RESPECT !

- 131 -

LA MEILLEURE FONDUE

« La meilleure fondue c'est avec du vacherin, du comté et du beaufort »

Un Savoyard

- 132 -

LA MEILLEURE FONDUE *BIS*

« Non la meilleure fondue c'est du gruyère, du comté et de la tome de Savoie »

Un autre Savoyard

- 133 -

LA MEILLEURE FONDUE *TER*

« Non la meilleure fondue c'est la moitié-moitié : moitié gruyère suisse et moitié vacherin fribourgeois »

Un suisse

- 134 -

CONCLUSION DE CETTE SALE AFFAIRE

« Passez-moi les croûtons et fermez bien vos gueules ! »

Moi

- 135 -

JE SUIS CONTRE LA PEINE DE MORT MAIS...

Il y a une sorte d'individus qui méritent le châtiment suprême et je ne parle pas des banquiers, des assureurs ou des cyclistes. Non, je parle de ceux qui n'ouvrent pas les vins qu'on apporte chez eux ! Pourquoi faites-vous ça ? Quel est votre projet ? «*Mon vin coûte 40 boules, le tien 4 euros 27... Non, il ne va pas mieux sur ta daube en sauce, il devrait précisément servir de sauce ! Non, je ne reposerai pas ce flingue tant que tu n'auras pas ouvert ma bouteille, est-ce bien clair Jean-Pascal ? Est-ce bien clair ?*»

- 136 -

ACH, QUAND ON AIME LE 7ᴱ ART !

Adolf Hitler avait une grande admiration pour Clark Gable et le considérait comme le plus grand acteur de son époque. Il offrit une récompense pour quiconque capturerait et lui ramènerait l'acteur sain et sauf ! Comme quoi, il y a certains publics à qui il vaut mieux déplaire !

- 137 -

LE ROI-SOLEIL N'ÉTAIT PAS UN ROI *ULTRABRIGHT*!

Louis XIV raffolait des sucreries. Il en mangeait toute la journée. Au bout d'un moment cette passion débordante lui rendit les dents pourries et par voie de conséquence l'haleine d'un chacal! Les courtisanes du roi mettaient donc un tissu parfumé devant leur visage pour supporter l'haleine fétide du souverain! Et puis, qui aurait osé dire au roi : «*Allez mon vieux on se lave ces vilains chicots et au dodo*»? Parfois je me dis que certains mecs à la machine à café doivent avoir du sang royal!

- 138 -

JOHNNY ÉNERVÉ!

La première fois que Johnny a vu Laurent Gerra l'imiter – à la perfection, faut bien le dire –, c'était lors de son passage quotidien dans l'émission «Studio Gabriel» de Michel Drucker. Johnny a alors appelé Michel pour lui expliquer qu'il allait attendre le pépère à la sortie du studio pour lui péter la gueule! Et puis finalement les deux hommes ont fini par se rencontrer et sont devenus copains comme cochon. Johnny l'invitera même à chanter à ses côtés à la fin des années 90 lors d'un immense concert au parc de Sceaux! Pas d'rancœur pour l'rocker!

- 139 -

À MÉDITER

« Ceux de qui la conduite offre le plus à rire sont toujours sur autrui les premiers à médire. »

Molière, Le Tartuffe, ***Acte 1, Scène 1***

- 140 -

FAUX PROVERBE STÉPHANOIS

« À Marseille, on multiplie les histoires par trois pour qu'elles soient plus intéressantes, à Saint-Étienne on les divise par dix pour qu'elles soient plus crédibles ! »

- 141 -

DAVID BOWIE ET BOB L'ÉPONGE

En 2007, le chanteur pop anglais, adulé par la planète entière et considéré comme un génie musical a prêté sa voix au personnage de Lord Royal Highness dans la série Bob l'éponge ! Selon le philosophe Peter Spontex : *« À l'intérieur de chaque grand homme se cache souvent une éponge ! »*

- 142 -

DERNIERS MOTS DE VICTOR HUGO

Victor Hugo a prononcé ces mots juste avant de mourir : *« C'est ici le combat du jour et de la nuit ! »* On raconte qu'il disait cela tout en ayant un dernier regard sur les loches de l'infirmière !

- 143 -

SHERLOCK HOLMES N'AURAIT PAS DÛ S'APPELER COMME ÇA !

Sir Conan Doyle avait prévu d'appeler son personnage Sherrinford Hope ! Oui, on est bien d'accord, c'est de la merde ! C'est d'ailleurs ce que la femme de Conan, Luisa, lui répétait toute la journée : « *C'est à chier, Sherrinford Hope, mon Conan. On vendra des nèfles avec un nom aussi claqué au sol. Sherlock Holmes, voilà, ça, ça sent l'pognon, ça, ça sent l'succès ! Écoute ta bonne vieille Luisa, ma couille !* » Il est probable que les propos de Mme Doyle aient été un peu modifiés pour les besoins du livre. Toujours est-il que Conan écouta son épouse et qu'il choisit le nom de Sherlock Holmes pour son héros ! Et oui, Messieurs, faut toujours écouter les femmes, on ne le répétera jamais assez... À part peut-être Mme Thatcher, aurait rajouté Renaud !

- 144 -

SHERLOCK HOLMES TOUJOURS

Punaise, le Conan, il n'était jamais à l'abri de faire une connerie. En 1893, il n'en pouvait plus de Sherlock Holmes alors il décida de le faire mourir dans le livre *Le problème final*. Là, que ce soit sa femme, son éditeur ou le public, tout le monde est unanime : « *Mais t'es pas con comme un manche toi, non ? D'un coup comme ça tu t'assois sur le succès, le brouzouf, la joie des lecteurs. T'as fait ton ado incompris, genre je ne suis pas que Sherlock Holmes OK ? Tu t'es pris pour Shakespeare, gros ?!* » Alors sous la pression de tout le monde – même son chien ne voulait même plus être caressé par ce « loser » –, Conan fit reprendre du service à son héros en 1902 avec *Le chien de Baskerville* puis *Le Retour de Sherlock Holmes* en 1903. Comme quoi, à l'instar des soap operas, il n'y a pas de mauvaise mort que de bons scénaristes ne puissent ressusciter !

- 145 -

KURT COBAIN : QUAND ON EST PASSIONNÉ !

À la fin de sa vie, le chanteur charismatique de Nirvana, Kurt Cobain, était tellement accro à l'héroïne que même ses dealers refusaient de le servir ! Et on parle de gars qui ont trois chicots et flottent dans du 12 ans ! Dès lors, Kurt Cobain demandait à des toxicos d'aller acheter de la drogue pour lui et il se piquait avec eux dans des squats insalubres... Alors que le gars avait des millions et des millions de dollars sur son compte en banque ! Quelques jours plus tard, il se tirait une balle dans la tête ! On ne le répétera jamais assez, la drogue, c'est de la merde. Optez plutôt pour une bonne viande en sauce avec un bon verre de vin ! Et puis on aurait aimé le voir grandir cet immense artiste... Bon, aujourd'hui, il serait peut-être obèse, au fin fond du Texas, en train de faire des reprises de Britney Spears en santiags et survêt dans un bar à cow-boys... On ne le saura malheureusement jamais !

- 146 -

LES HISTOIRES D'A!

Et oui la tour Eiffel qui devait être éphémère représente la lettre A comme la première lettre du prénom d'Adrienne (de son nom complet Adrienne Bourgès), l'amour caché de Gustave Eiffel. C'est vrai que pour une histoire d'amour secrète, construire la première lettre du prénom de sa chérie en une structure d'un peu plus de 312 mètres... faut être honnête, on a connu plus discret ! Mais comme on dit souvent : «*Plus c'est gros, plus ça passe !*»

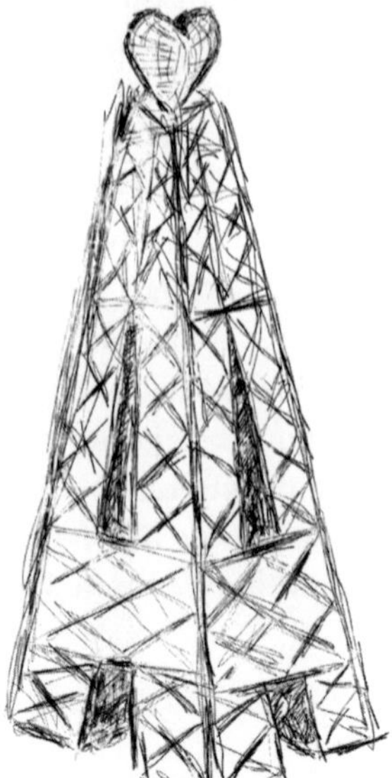

- 147 -

JEAN YANNE ÉTAIT UN GÉNIE… ON NE LE RÉPÉTERA JAMAIS ASSEZ !

Le maître a écrit en 1977 un livre qui se veut d'anticipation intitulé *L'Apocalypse est pour demain*. L'histoire est simple : Robin Cruso est conducteur automobile, comme l'ensemble des gens habitant sur la planète. Tout se fait en automobile, y vivre et surtout y mourir. Il faut trois jours pour faire cinq mètres, pare-choc contre pare-choc. Tout dans cette société dystopique est réglé en ce sens : les automobilistes sont happés, concassés, écrasés, tirés, décapités puis vrillés. Et aujourd'hui, à Paris, grâce à la magie d'Anne Hidalgo, ce livre est devenu un documentaire ! Bravo Madame, d'avoir prouvé encore une fois, et s'il en était besoin, que Jean Yanne était un empereur.

- 148 -

ON S'EN FOUT, MAIS QUAND MÊME !

Depuis sa création en 1920, aucune Miss France n'est originaire des régions suivantes : l'Auvergne, la Champagne-Ardenne, le Limousin, la Martinique et Saint-Pierre-et-Miquelon ! Alors que je peux vous dire qu'un jour, dans ma prime jeunesse je fricotais avec une Miss Limousin pas piquée des hannetons… Ceci dit, c'était durant la soirée d'un comice agricole… À la réflexion c'était peut-être Miss Limousine ! Enfin, l'odeur de ses bottes en plastique lors de notre idylle sur le tracteur de son oncle restera gravée à vie dans ma mémoire ! J'espère qu'à l'avenir l'affront sera réparé !

- 149 -

LES CHIENS C'EST COMME LES ENFANTS, FAUT PAS TROP BIEN LES ÉDUQUER!

Vrai de vrai, un jour en Alaska, un mec s'ennuyait. Il avait de la dynamite dans son garage. Attention, là-bas, c'est pas des mecs de la ville, eux leur passion c'est pas le mölkky et les burgers végans. On parle ici d'un mec avec une veste de bûcheron et une barbe de sept ans. Il s'est dit : «*Tiens et si je jetais un bâton de dynamite sur le lac gelé, est-ce que ça va faire un gros trou?*» Faut reconnaître que quand on se fait suer en Alaska, croyez-moi sur parole, on se fait suer! Il a alors allumé le bâton, l'a jeté loin sur la glace et puis... et puis c'était sans compter sans son con de clébard qui a ramené le bâton et l'a posé à ses pieds! Glace 1 – Homme : 0! Quant au chien, je n'en sais rien alors moi je dis que le dieu des chiens l'a sauvé!

- 150 -

LA PLUS BELLE RÉGION DE FRANCE

« C'est la Corse ! »

(Un Corse)

- 151 -

LA PLUS BELLE RÉGION DE FRANCE *BIS*

« C'est la Bretagne ! »

(Un Breton)

- 152 -

LA PLUS BELLE RÉGION DE FRANCE *TER*

« C'est le Pays basque ! »

(Un Basque)

- 153 -

LA PLUS BELLE RÉGION DE FRANCE CONCLUSION

«C'est la Corse, même si la Corse c'est pas vraiment la France mais une île de beauté autonomiste où on fait comme on veut mais on prend un peu les aides quand même mais venez pas trop nous casser les couilles mais en été dépensez bien votre pognon chez nous parce que c'est le plus bel endroit de la terre... c'est bien pour ça qu'il ne faut pas y rester trop longtemps... pour que précisément que ça reste le plus bel endroit de la terre, compris?!» Moi... peut-être un peu dicté... car j'écoute toujours attentivement celui qui tient le fusil, pour paraphraser Clint Eastwood dans *Le bon, la Brute et le Truand*.

- 154 -

DE NIRO, LÀ ON PARLE ACTORS STUDIO!

Pour préparer le rôle de Travis Bickle dans *Taxi Driver*, Robert de Niro a passé sa licence de taxi et a arpenté les rues de New York en prenant des passagers pendant plusieurs semaines! Méthode américaine quoi! On raconte que pour jouer dans *Camping Paradis*, Laurent Ournac a arpenté la Meuse en voiturette de golf... Chacun ses méthodes!

- 155 -

LOUIS XIV ÉTAIT BIEN LE FILS DE LOUIS XIII !

Certains journalistes se prenant pour des historiens adorent refaire l'histoire. Y mettre de la psychologie « Marie-Claire ». On raconte donc que Louis XIII ne couchait pas avec sa femme et qu'il était homosexuel. Ce qui est historiquement avéré est qu'il avait des courtisans et qu'il n'était pas insensible au genre masculin MAIS il avait deux credos : et d'une, il était très pieux et de deux, la raison d'État ! Dès lors il honorait sa femme et il n'allait pas au bout avec ses courtisans car l'homosexualité était un péché mortel. Alors OK, les ébats entre Anne d'Autriche et le roi ne feraient pas un million de vues sur YouPorn… Mais les historiens sont formels et unanimes (même les généalogistes), le Roi-Soleil est bien le fils de Louis XIII ! D'ailleurs, si elle était tombée enceinte sans aucun rapport sexuel, il l'aurait répudiée la mère Anne ! Rappelons qu'elle était épiée jour et nuit ! Moi personnellement, je m'en fous, je ne suis ni noble, ni monarchiste et mes aïeux étaient des gueux qui bêchaient en pente au pied du massif des Bauges, mais parfois les journalistes c'est comme les envolées de tonton Raoul sur le conflit israélo-palestinien… on n'est pas obligé de tout retenir !

- 156 -

LE COMÉDIEN QUI A LE PLUS TOURNÉ AU MONDE

James Hong, comédien américain, est l'acteur qui est apparu dans le plus grand nombre de films et séries. On parle de plus de 650 apparitions. Bon, on n'va pas se tirer les cartes entre gitans, dans le lot y'a des navets que tu peux même pas regarder sous la torture, mais attention, il a joué dans *Blade Runner*, *Friends*, *Chinatown*, *Wayne's World 2*, *Y a-t-il un pilote dans l'avion?* et même dans *Sherlock Gnomes*... Bon, le dernier, j'avoue que je ne m'en souviens plus trop, je l'ai vu en pleine descente d'acide dans un hall d'hôtel à Amsterdam... en allemand en plus! Mais bravo James!

- 157 -

FAUSSE CITATION CHIRURGIE

« Grâce au docteur Botoxian, je suis désormais beaucoup trop jeune pour rejouer mes propres rôles des années 80 ! Là je travaille pour interpréter Greta Thunberg ! »

Isabelle Adjani

- 158 -

FAUSSE CITATION CHIRURGIE *BIS*

«Attends de connaître mon chir, ma grande, parce qu'avec le mien, tu me fous des couettes et une tétine dans la gueule et il me reste plus qu'à trouver une place en crèche!»

Madonna

- 159 -

FAUSSE CITATION CHIRURGIE *TER*

« Faites pas trop les malines, les grosses, je vous rappelle que j'ai 112 ans de plus que mon mec ! »

Cher

- 160 -

LE PLUS GRAND NOMBRE D'ORGASMES RECENSÉS EN UNE HEURE CHEZ UNE FEMME

En moyenne, on estime que 10 % des femmes sont capables d'atteindre l'orgasme plusieurs fois au cours d'un même rapport sexuel, c'est le phénomène de l'orgasme multiple. Mais certaines femmes sont nettement plus sensibles que d'autres. Une femme a enchaîné 134 orgasmes en une heure, soit un orgasme toutes les 44 secondes, un record... Je vous en supplie, n'offrez jamais ce livre à ma femme !

- 161 -

L'INVENTION DU 102 !

Le 102, à savoir le mythique double 51 (Pastis), a été inventé par Serge Gainsbourg à la Closerie des Lilas, célèbre bar parisien de la Rive gauche. C'est une boisson qu'il buvait tôt le matin pour faire repartir la machine. Double dose de pastis et un glaçon en guise d'eau. Bon après je reste persuadé que c'est mon papy les pieds bleus qui l'a inventé avant Gainsbourg, lui il buvait des 5100 puisqu'il sifflait la bouteille cul-sec dans sa bagnole... après pépé, c'était pas le genre à faire venir l'huissier pour valider le record dans le *Guinness Book* non plus ! Il bossait à l'ancienne quoi !

- 162 -

UN LIVRE QUI SENT LE SOUFFRE !

Qu'ont en commun John Lennon, Ronald Reagan et Rebecca Schaeffer ? Ils ont tous les trois été pris pour cible par des tueurs qui venaient de lire *L'attrape-cœur* de J.D. Salinger. En effet, quand Mark Chapman assassina John Lennon en décembre 1980 devant le Dakota Building à New York, il avait le livre dans sa poche. Un an plus tard, John Warnock Hinckley Jr. tenta d'assassiner Ronald Reagan et les enquêteurs découvrirent le fameux brûlot sur sa table de chevet. Idem pour Robert John Bardo qui tua de sang-froid l'actrice Rebecca Schaeffer ! Depuis « #MeToo », et ce de façon très logique, l'œuvre parodique *L'attrape-cul* de J.D Salefinger a donc été retiré des ventes !

- 163 -

LES POMPES MARRON AVEC UN COSTUME BLEU MARINE

Attention, je ne suis en rien le chantre de la mode, mes parents et mon frère me surnommaient d'ailleurs affectueusement « le plouc » assez régulièrement. Mais depuis le milieu des années 2000, une mode est arrivée à Paris, à savoir le costard bleu marine avec des chaussures marron. Cette frange de la population roule souvent en trottinette électrique et a des enfants qui ont des prénoms de fruits, genre Framboisine et Clafoutis. Je pense donc qu'un honnête costard anthracite avec de belles chaussures noires, ça évite tout débat. Mais cette mode tend quand même à persister... Ceci dit, le pantacourt n'a pas encore dit son dernier mot, pas plus que les pompes à glands !

- 164 -

L'ÎLE DE RÉ OU NOIRMOUTIER ?

Si vous voulez la tendance de Fabrice Luchini, il a basculé. Il a commencé par l'île de Ré et à un moment il a dit : «*C'est trop!*» Alors c'est trop quoi? Quel a été le point de rupture? Trop de monde? Trop de vélos? Trop de marinières? Trop de cirés jaunes? Trop de «*Frangipane, dis à ta sœur Clitorine d'appeler bon-papa, on descend ramasser des coquillages chez maminette avec Myrtille?*» Ce mystère restera entier, toujours est-il que c'est un fait, Luchini a basculé vers Noirmoutier. Vous savez, il y a des questions existentielles auxquelles il est compliqué de répondre. Cap Ferret ou bassin d'Arcachon? Cap Ferrat ou cap d'Antibes? Courchevel ou Val-d'Isère? On peut quand même se dire que tant que la question se pose, c'est que tout ne va pas trop mal!

- 165 -

DES QUESTIONS AUXQUELLES ON DOIT SAVOIR RÉPONDRE ?

«*Au fait sais-tu qui est le plus gros avaleur de hot dogs au monde, Michel?*» «*Non je n'en sais rien!*» Voilà, typiquement, Michel passe pour un blaireau, ce qui est bêta puisqu'il est quand même chercheur en physique nucléaire, Michel. Bon voilà, la réponse est simple c'est Joey «Jaws» Chestnut, un superbe américain qui a réussi à avaler 76 chiens chauds en 10 minutes. Sa technique est simple, il attaque les saucisses deux par deux et s'occupe du pain après! Une sorte de régime dissocié en quelque sorte. Maintenant vous pouvez retourner à table pour faire le malin et humilier ce crétin de Michel malgré son Bac + 15 et son petit air de connard suffisant!

- 166 -

RUMEUR POLITQUE

Une rumeur persiste comme quoi le président Emmanuel Macron aurait fait travailler son équipe juridique sur un 3e mandat. La constitution de 1958 dit pourtant qu'on ne peut pas se représenter après deux mandats pleins... mais quid si, par exemple, Emmanuel Macron démissionnait avant la fin de son deuxième mandat. Le président du Sénat le remplacerait... Puis, voyant que la France serait enlisée dans les extrêmes, il reviendrait en fanfare tel Napoléon lors de son retour de l'île d'Elbe le 25 février 1815! C'est une rumeur, je vous dis... On dit aussi que des nazis vivent sur la face cachée de la Lune et que Britney Spears est totalement sortie d'affairesur le plan psychiatrique!

- 167 -

55 KM/H

Voilà une réponse qui claque! «*À combien ça nage un grand requin blanc?*» «*55 kilomètres/heure!*» Bam. Simple. Rapide. Efficace. Alors qu'ils arrêtent avec leur film à la noix où la baigneuse arrive à se hisser in extremis sur le bateau alors que le requin est à 20 mètres! Le requin, il la fume en deux secondes et la Rebecca du film, on est bien désolé pour elle, mais elle va lui servir de tapas au squale! Faut arrêter avec ces erreurs grossières de scénario. Bon ceci dit, si on suivait vraiment la réalité, le requin tire rarement un bateau de 15 mètres alors qu'il a deux flotteurs géants accrochés aux branchies, pendant que deux mecs discutent sereinement, une bière à la main!

- 168 -

FAUSSE CITATION

« Avec du pop-corn et du soda, on vous ferait quand même bien regarder n'importe quelle merde ! »

Jean-Marcel Gaumont

- 169 -

UNE BONNE INSULTE VAUT PARFOIS MIEUX QUE MILLE FLATTERIES

L'acteur et chanteur aux multiples talents Guy Marchand avait une passion pour le polo. Il avouait lui-même que cette danseuse était totalement au-dessus de ses moyens. Il s'amusait à être ce pauvre roturier au milieu d'aristocrates plein aux as. Un jour il fit une partie où il se retrouva en face de l'équipe menée par le prince Charles (aujourd'hui Charles III) et lors d'une mène (honnêtement je ne sais pas comment on dit), Charles insulta Guy ! Vous imaginez l'honneur ? Notre Guy Marchand national, le chanteur de « Destinée » dans *Les sous-doués en vacances*, insulté par le futur roi d'Angleterre ! Parfois, il faut simplement mettre la main sur le cœur et dire « Cocorico » !

- 170 -

QUAND C'EST PAS TON HEURE, C'EST PAS TON HEURE !

J'ai l'immense privilège d'être ami avec le plus célèbre ostréiculteur de France, Joël Dupuch, qui jouait son propre rôle dans *Les petits mouchoirs*. Dès que je le peux, je leur rends visite, à lui et son épouse Élise aux Jacquets près du cap Ferret. Un soir nous dînons tous les quatre avec mon épouse, la Ramirez, le repas est magique. Le lendemain, je l'appelle pour savoir s'il n'a pas trop mal au casque. Il m'explique qu'il vient de sortir du bloc opératoire. Une artère bouchée à la jambe.... À une heure près, plus de Joël ! Je lui dis : « *J'imagine que là, tu vas être au pain sec et à l'eau pendant quelque temps !* » Il me répondit cette phrase magique : « *Absolument pas, je reprends tout comme avant. C'était pas mon heure c'est tout !* » Guillaume Canet avait raison, c'est un philosophe des temps modernes, ce monsieur !

- 171 -

FAUSSE CITATION

« Ils feront même la queue des heures pour tourner dans des tasses et avoir la gerbe, ces p'tits bâtards, et je te parle même pas du cookie à 8 euros qu'ils vont se taper pendant que Tic et Tac, ces frotteurs, leur caresseront les cheveux ! »

Walt Disney

- 172 -

RENCONTRE INSOLITE

Le 21 décembre 1970, Elvis Presley et Richard Nixon se sont entretenus quelques minutes. Elvis avait demandé au président d'intégrer les services de l'État pour la lutte contre les stupéfiants. Il disait même que les Beatles n'étaient «*qu'un monstre à quatre têtes venu polluer les esprits de la jeunesse américaine pour s'enrichir et ensuite faire de l'anti-américanisme primaire dans leur pays*». Nixon a acquiescé mais il n'était pour autant pas convaincu par ce mec en ceinture de catcheur et pattes de texan, lui-même shooté aux médocs... Il lui attribuera tout de même un badge fédéral! Aux États-Unis, comme dans certaines villes du nord de la France, la réalité est parfois trop irréelle pour faire une bonne fiction!

- 173 -

RECORD DE NOMBRE DE PLACES VENDUES

DJ Snake, notre célèbre DJ français est entré dans l'histoire en vendant en 10 minutes 100000 billets pour venir le voir le même jour au Stade de France et à l'Accor Arena! Quand je pense que je me vantais d'avoir rempli les 90 places du Point Virgule en moins de six mois! Comme quoi dans le règne animal, le Snake est plus fort que la loutre!

- 174 -

TROIS MINUTES

C'est le temps qu'a pris LinkedIn pour me virer définitivement de son réseau social après ma publication d'une vidéo. Celle-ci s'appelle «La raclette-Le Règne animal». On y voit des hommes (qu'on pourrait qualifier de néandertaliens) se bâfrer de raclette et boire de l'alcool sans s'adresser un mot. Puis, lorsque l'un finit par chuter de la table par trop-plein, les autres le sodomisent chacun à leur tour. C'était évidemment un hommage croisé à *La Grande Bouffe* de Marco Ferreri et au film *Le Règne animal* de Thomas Cailley avec une petite pointe de *Et la tendresse? Bordel!* de Patrick Schulmann et un soupçon de Groland! Apparemment les Américains n'avaient pas la réf', comme disent les jeunes! LinkedIn reste un réseau où tout le monde est CEO... Quitte à voir des allumeuses qui gonflent leur poitrine, je trouve Instagram et TikTok moins putassiers, finalement!

- 175 -

TOUT ÇA POUR ÇA!

Dans l'ISS, entendez International Space Station (Station spatiale internationale), il faut savoir que les astronautes se soulagent dans des aspirateurs (oui, point de gravité dans l'merdier). Et souvent (oui, souvent), il arrive que la pompe soit en panne ou insuffisante... ou même que l'astronaute en question soit, disons, patraque! Lorsque cela arrive, celui ou celle qui s'est répandu(e) doit «rattraper» l'avanie au plus vite! Dès lors, les astronautes passent leur journée à regarder leurs homologues russes, ricains, français, belges, portugais, suisses, italiens, chinois, indiens, allemands, tenter désespérément de récolter leur merde qui s'est dispersée un peu partout dans la station! Un extraterrestre aurait même déclaré : «*C'est donc l'élite de leur planète qu'on voit ramasser d'la merde à l'épuisette, là? Non, ils ne sont définitivement pas prêts!*»

- 176 -

MUSIQUE DE SON ENTERREMENT

À partir d'un certain âge on se met tous à penser à quelle chanson on voudrait pour son enterrement. On est d'accord pour dire qu'on s'en fiche puisqu'on ne sera plus là pour l'entendre mais c'est ainsi, on y pense. J'ai pensé à des chansons pleines de rancœur pour expliquer ô combien on m'avait fait du mal. Puis à une chanson pleine de joie pour que les gens ne soient pas tristes. Puis à une musique classique passe-partout pour ne pas me faire remarquer davantage... Finalement j'ai opté pour Bubul, un jeune garçon formidable qui arrive à jouer le début de «Les bourgeois» de Jacques Brel avec son rectum... Comme je l'ai dit au début, je ne serai plus là de toute façon!

- 177 -

QUAND ON EST PASSIONNÉE

Cynthia Albritton a passé sa vie à mouler le sexe de stars en plâtre! On la surnommait d'ailleurs «celle qui murmurait aux pénis des rock stars». Une de ses pièces maîtresses est le phallus moulé de Jimmy Hendrix qui a intégré le Musée du phallus de Reykjavik! Jimmy Hendrix, ce monument parti trop tôt... À 27 ans, et apparemment à 27 centimètres!

- 178 -

JIM MORRISON N'EST PAS MORT TRANQUILLE DANS SA BAIGNOIRE

Aujourd'hui que les langues se délient, c'est avéré, Jim Morrison n'est pas mort tranquillement dans sa baignoire. En fait il était allé chercher de l'héroïne pour sa chère Pamela Courson, son âme sœur. Lui qui n'en prenait jamais s'est dit, pourquoi ne pas la priser? Il l'a alors sniffée dans les toilettes du «Rock'n roll circus» à Paris et a fait une overdose, car il ne savait absolument pas gérer cette drogue. Pour éviter les histoires, il a été ramené à son domicile et déposé dans une baignoire chaude (dans un appartement appartenant à Agnès Varda). Bon, ceci dit, certaines mauvaises langues disent qu'à coup de dix litres d'alcool quotidien, 100 kilos de tendresse et quatre paquets de clopes par jour, il ne risquait pas de voir les JO de Paris l'copain! C'est en tous cas ce que développe le superbe documentaire *Jim Morrison, derniers jours à Paris* du sublime Olivier Monssens!

- 179 -

CITATION ELVIS

« Tout le monde vient de la même source. Si vous détestez un autre être humain, vous détestez une partie de vous-même ! »

Elvis Presley

- 180 -

ET MON TÉMOIN, C'EST DU POULET ?

Quand Catherine Deneuve s'est mariée en 1965 avec le photographe anglais David Bailey, elle avait comme témoin un petit artiste incompris du nom de Mick Jagger ! Et pourtant le mariage a tourné court... Comme quoi parfois, même avec toute la meilleure volonté du monde, (I can't get no) Satisfaction !

- 181 -

RAPPELER LES ÉVIDENCES

Un jour au maquillage, Johnny est à côté de Michel Drucker. Johnny regarde Michel et lui dit : «*C'est marrant, on a un an d'écart, et pourtant je fais vraiment nettement plus vieux que toi !*» L'animateur répond : «*Tu sais Johnny, je ne bois, pas, je ne me drogue pas, je ne fume pas, je fais du sport, je me couche tôt tous les soirs et j'ai la même femme depuis 40 ans !*» Ce à quoi Johnny lui répond : «*Ouais t'as une vie d'merde quoi !*»

- 182 -

Z'ONT QUAND MÊME PAS LA LUMIÈRE À TOUS LES ÉTAGES, CES VEDETTES !

Lady Gaga avait affaire à un *stalkeur*. Un forcené qui la poursuivait partout. En 2010, à cause de lui, elle a même failli faire annuler sa tournée « Monster Ball ». Elle avait beau en parler aux agents de sécurité, rien n'y faisait, ils n'arrivaient pas à mettre la main dessus. Bon, c'est vrai qu'il y a juste un détail : son harceleur, Ryan, était un fantôme. Non mais quand la meuf qui pèse 120 millions de dollars de tournée dit qu'il y a un fantôme, je te le dis, il y a un fantôme ! Ils ont donc fait venir un médium et là, miracle, Ryan est parti ! « *Voilà voilà, tu remets tes collants déchirés et ton tutu rose et tu nous rapportes un max de pogn... enfin de magie ma belle ! Ryan est parti, la voie est libre !* » Non définitivement y a des gens, tu ne partirais pas à la guerre avec !

- 183 -

« L'honneur est comme les allumettes : ça ne sert qu'une fois. »

Marcel Pagnol

- 184 -

CITATION MARCEL PAGNOL *BIS*

« Qu'est-ce qu'ils ont tous à pleurer autour de mon lit... C'est déjà assez triste de mourir... S'il faut encore voir pleurer les autres ! »

(Marcel Pagnol)

- 185 -

LA MEILLEURE DÉFINITION DE LA BONNE CUISINE

Pour paraphraser François Simon à propos des frites, la meilleure cuisine du monde est celle qui se prend avec les doigts ou à la volée. J'ai passé ma jeunesse à me prendre des coups de spatule par ma grand-mère Manou (un merveilleux cordon bleu) lorsque je me servais comme un cochon sauvage en cachette dans la cuisine… Une fois à table, c'était délicieux, mais malgré mes deux mains rougies par les coups de cuillères, aucun plaisir ne remplacera jamais le plaisir coupable ! La cuisine de Manou, une fois servie, devenait trop bourgeoise, je préférerai toujours la cuisine plus sauvage… Limite dangereuse pour son intégrité physique ! À la volette…

- 186 -

LE PREMIER SEX-TOY

Cléopâtre serait à l'origine du premier sex-toy de l'histoire. Elle se serait fabriqué son *womanizer* à l'aide de papyrus et de nid d'abeilles ! Ça vous épate, hein? Et bien c'est pourtant vrai ! D'autres affirment l'avoir vue s'asseoir nue en haut d'une pyramide, mais vous savez, les hommes de l'époque se sentaient déjà dépossédés quand la beauté des femmes et leur autonomie s'avéraient trop prononcées ! Gode bless la reine !

- 187 -

INCASSABLE EXISTE

Frane Selak est Croate et il est considéré comme l'homme le plus chanceux du monde.
Déjà il naît prématuré à 7 mois. Il survit. En 1962, un train déraille et 17 passagers meurent, mais pas Frane Selak. En 1963, un avion s'écrase et 19 personnes meurent, mais pas Frane Selak, qui est tombé par la porte de l'avion et a atterri dans une botte de foin. En 1966, un bus dévie sa course et finit dans une rivière. Quatre passagers meurent, mais pas Frane Selak. En 1970, la voiture de Frane Selak prend feu, il a le temps in extremis de sortir par la fenêtre, il survit. *Bis repetita*, sa voiture reprend feu. Il s'en sort encore une fois in extremis. En 1995, Frane Selak se fait renverser par un bus, il s'en sort encore. En 1996, Frane arrive à s'échapper au dernier moment d'une collision avec une voiture de l'ONU. Et puis en 2003, il gagne 800000 euros à la loterie ! En fait les seuls malchanceux dans cette histoire ce sont ses convives à Noël, quand Frane commence à raconter sa vie !

- 188 -

LA CHAMBRE D'HÔTEL LA PLUS CHÈRE DU MONDE

Pour passer une nuit dans la suite de l'hôtel Président Wilson, à Genève, un penthouse comprenant un appartement de 12 chambres qui occupe l'intégralité du 8e étage pour un total de 1680 m², il vous en coûtera pour 80000 dollars la nuit. Bon après il faut savoir qu'avec ce même prix à Saint-Étienne, vous pouvez acquérir un château du XVe siècle refait à neuf avec 26 chambres et avec vue sur... non ça c'est sûr qu'il restera quand même le problème de la vue à Saint-Étienne !

- 189 -

LE PREMIER ALCOOL AU MONDE !

Les traces du premier breuvage alcoolisé du monde ont été retrouvées en Israël dans la grotte de Raqefet, au sud d'Haïfa. Un alcool qui semble assez proche de notre bière actuelle. Cela remonterait à 13000 ou 15000 ans ! Le site fouillé est une ancienne sépulture d'hommes et de femmes du Natoufien, un des premiers groupes sédentaires qui a vécu là entre 10000 et 12500 ans avant notre ère ! Tu m'étonnes qu'on parle de Terre sainte ! Vous imaginez la ganache de la première personne qui a bu de l'alcool ? «*Il y va bien souvent, Michel, à la caverne ? Qu'est-ce qu'il traficote ?*» «*Non non, t'inquiète ma chérie, je suis en train d'inventer le lien social* » Et comme disait Coluche : «*C'est pour que les moches aussi puissent avoir une vie sexuelle !*»

- 190 -

LE FILM A PLUS PETIT BUDGET QUI A RAPPORTÉ LE PLUS

Le film à petit budget qui a rapporté le plus de toute l'histoire du cinéma c'est *Paranormal Activity*. En effet, le film a coûté 15000 dollars et a rapporté 193 millions de dollars. Des mauvaises langues diront : « *Contrairement à* Astérix et Obélix : L'Empire du Milieu *où c'est exactement l'inverse !* » Bon, et d'une j'ai joué dedans et j'en suis fier, de deux il s'agissait d'une bronca tout à fait injustifiée, de trois ma fille a adoré… et de quatre j'ai offert ce livre à Guillaume Canet qui envisage certainement un grand rôle pour moi dans plusieurs productions à venir (pas vrai mon Guillaume ?). Et puis comme disait Nanard Tapie : « *Il n'y a que ceux qui ne font rien qu'on ne critique jamais !* »

- 191 -

TOUTE PREMIÈRE FOIS

Le tout premier film de l'histoire de l'humanité a été tourné le 28 décembre 1895 à la sortie des usines Lumière par les frères éponymes. Le film s'appelle d'ailleurs *Sortie des usines Lumière*. Déjà à l'époque on s'emmerdait pas avec les titres ! C'est en tous cas comme ça qu'ont justifié ceux qui ont choisi des titres comme *Arrête ou ma mère va tirer !*, *Par où t'es rentré ? On t'a pas vu sortir* ou *Rocco les démonte toutes*. Parfois les images parlent d'elles-mêmes… Inutile de se casser la nénette, même par Rocco… Enfin, on s'est compris, quoi !

- 192 -

HASARD DU CALENDRIER

Adolf Hitler et Charlie Chaplin sont nés à quatre jours d'écart. 20 avril 1889 pour le premier et 16 avril 1889 pour le second. «*Il me doit le respect ce dégénéré*!!» aurait déclaré Charlie Chaplin. D'ailleurs c'est peut-être par une sorte de certaine gémellité calendaire que Charlot avait compris avant tout le monde les dérives de son jumeau maléfique dans *Le Dictateur*, dont le tournage a commencé le 9 septembre 1939, soit huit jours après l'invasion de la Pologne par les nazis (rappelons que le scénario était déjà écrit). Le film est sorti aux États-Unis en 1940 et en 1945 seulement en France! Pour une raison que nous ignorons, les schleus n'étaient pas au taquet sur le film!

- 193 -

DES RETROUVAILLES MORBIDES

Amedeo Modigliani, le célèbre peintre, est décédé le 24 janvier 1920. Son amoureuse, Jeanne Hébuterne s'est donné la mort le 26 janvier 1920, alors qu'elle était enceinte du génie, ne supportant pas la vie sans son aimé. Il est enterré au cimetière du Père-Lachaise et elle à Bagneux. Les parents de Jeanne autoriseront finalement, dix ans plus tard, leur fille à reposer aux côtés de son amour éternel! Il paraît que la nuit, au Père-Lachaise, on peut entendre Jeanne gueuler, se demandant où son alcoolique de mari est encore fourré. «*Je parie qu'il est encore fourré chez Morrison!*», qu'elle couine!

- 194 -

14

Nadal a gagné 14 fois Roland Garros ! Mais comme aurait dit très ironiquement Jean Rochefort : «*Oui mais Nadal, c'est un pousse-mégot !*» Car c'est bien notre Noah national qui détient le plus gros nombre de célébrations et de sélections en personnalité préférée des Français depuis sa seule et unique victoire à Roland Garros en 1983 ! Une casquette Roland Garros 1983 a même été éditée en 2023 pour célébrer les 40 ans de l'évènement (je le sais, je l'ai). À savoir aussi que Noah a gagné en tenue Le Coq Sportif (je le sais, je l'ai commandée pour mes 5 ans). C'est pas un certain Coluche qui disait que «*le coq est le seul animal capable de chanter les deux pieds dans la m*****» ? Enfin pour citer Michel Blanc alias Jean-Claude Dusse dans *Les Bronzés* : «*Enfin, on a gagné, on a gagné, quoi !*». Baisse la tête l'Espingouin et laisse passer le génie français !

- 195 -

ANECDOTE *LES VISITEURS*

Le film *Les Visiteurs* de Jean-Marie Poiré sorti en 1993 avec, entre autres, Christian Clavier, Jean Reno et Valérie Lemercier a fait un carton, on le sait. Pourtant lors du tournage, Jean-Marie, Christian et Jean étaient étonnés par le jeu d'actrice de Valérie, qui n'était pas à la hauteur de leurs espérances ! Le tournage fut donc un véritable calvaire pour Valérie qui était très esseulée et très déprimée. Et puis, miracle du montage, le jeu de Valérie s'est finalement révélé excellent, tant est si bien qu'elle a même obtenu un César du meilleur second rôle pour son interprétation de Béatrice Goulard de Montmirail. Mais lorsqu'on est revenu la voir pour le deuxième volet, elle a dit : «*DEHORS LES ROMANOS !!!*»

- 196 -

ANECDOTE TOURNAGE

Lors du premier jour du tournage de *Astérix et Obélix : L'Empire du milieu* de Guillaume Canet, pour mon rôle de Ordralfabétix, je me suis retrouvé à côté de Gilles Lellouche (Obélix dans le film), qui ne me connaissait ni des lèvres ni des dents. Je lui ai dit : «*C'est pas pratique d'aller pisser avec le costume !*», il m'a répondu : «*Surtout quand on nous a mis un gros ventre !*», je lui ai répondu : «*Euh, on m'a pas mis de gros ventre à moi !*» Il a éclaté de rire ! J'ai enchaîné : «*Les bâtards, ils m'ont fait prendre 40 kilos pour le rôle alors que j'ai que quatre phrases !*» Ça y est je faisais des blagues avec des acteurs de cinéma... J'allais pas tarder à être de gauche ! Non, je déconne !

- 197 -

L'ÉMISSION IMPOSSIBLE

J'ai développé une émission sur Internet baptisée « L'addiction s'il vous plaît?! ». J'ai tourné avec notamment Bruno Solo, Yvan Le Bolloc'h, Fred Testot, Joël Dupuch, Laurent Gerra, Luc Alphand, Frédéric Beigbeder, etc. Et j'ai eu la chance d'en tourner une avec José Gracia ! Le seul souci c'est qu'on était en sortie de confinement Covid et peut-être un peu trop heureux de se rencontrer ! On a bu trois bouteilles de vin à deux en moins de 15 minutes... À la cinquième, soit une heure après qu'on se soit salués du coude (coutume de l'époque), on ne prononçait plus les voyelles ! Je ne faisais que rire comme une hyène aux anecdotes de José qui n'avaient ni queue ni tête ! Une légende raconte que la cassette a été jetée dans la Seine ! Un jour peut-être, dans 500 ans, des robots la retrouveront, ils se diront : « *On ne connaît pas ce peuple violet ni ce langage, mais ils avaient l'air de bien se marrer !* »

- 198 -

FAUSSE CITATION

« Qu'est-ce qu'on dit à une femme qui a deux yeux au beurre noir ?!! Rien, on l'emmène à l'hôpital ! »

Tex

- 199 -

FAUSSE ANECDOTE

David Fincher n'aurait eu qu'un seul cachet à débourser pour le rôle de Tyler Durden dans le film *Fight Club !*

- 200 -

LA FONTAINE AURAIT DÛ ÊTRE AVOCAT

Le célèbre fabuliste Jean de la Fontaine avait entamé des études de droit et se destinait à une carrière d'avocat mais après son mariage avec Marie Héricart, la cousine de Racine, il décide de reprendre la charge de son père et devient maître des Eaux et Forêts ! On dit que c'est ce contact avec la nature que lui a offert ce métier qui lui a inspiré les célèbres *Fables*. Bien sûr, comme chacun sait, le génie s'est inspiré d'Ésope et de Phèdre pour ses fables mais à l'époque, CopyComic n'était pas né et puis le style de La Fontaine reste inimitable. Lu par Fabrice Luchini, « *c'est le petit Jésus en culotte de velours* », comme disait papy les pieds bleus ! À voir également le biopic sur Jean de la Fontaine – *Jean de La Fontaine, le défi* – de Daniel Vigne où Lorànt Deutsch incarne merveilleusement ce génie français ! Et je dis pas ça seulement parce que c'est mon pote et qu'il a fait la préface !

- 201 -

13,7 GRAMMES

C'est le taux d'alcoolémie record retrouvé dans le sang d'un polonais ! Cela signifie que son sang était plus chargé en alcool qu'un verre de vin ! Il dormait comme un bébé dans un fossé, le seigneur ! Les médecins estiment qu'au-dessus de 5 grammes ça devient létal ! «*Saoul comme un polonais*», dit si bien l'expression ! Quand on sait que les Polonais boivent dans les cimetières pour honorer les morts, on se dit que c'est en Pologne qu'il aurait dû migrer le gros Gégé ! Ils fileraient des complexes à Boris Eltsine, ces bâtards !

- 202 -

LE PLAT LE PLUS CHER DU MONDE

Il a été servi dans un restaurant de New York le Takashimaya et se nomme le Oscheriyori. Pour 174000 euros vous aviez droit à un mélange de quelques légumes, sushis et sashimis, le tout servi sur une assiette en or ! Mais bon vous pouviez quand même repartir avec l'assiette estimée à 40000 €. Trois plats seulement ont été servis pour fêter les 180 ans du restaurant. Et dire que quand ils m'oublient un cheese au McDo, j'ai l'impression de me faire enfler !!

- 203 -

LORÀNT DEUTSCH TOUJOURS, IL A FAILLI DEVENIR FOOTBALLEUR PROFESSIONNEL

En effet, le sémillant Lorànt Deutsch, acteur, animateur, écrivain et féru d'histoire était en section sport-études au mythique FC Nantes entre ses 12 et 15 ans ! Gros hic, il fallait mesurer plus de 1,20 m ! C'est vrai qu'il a eu du poil assez tard, le pépère ! Même Prince c'était Dolph Lundgren à côté ! Il aurait fallu qu'il prenne des hormones de croissance mais il a refusé... pour notre plus grand bonheur ! Mais on peut observer sa dextérité balle au pied dans le mythique film *Trois Zéros* de Fabien Onteniente, où il incarne merveilleusement Tibor Kovacs, un jeune hongrois virtuose du ballon rond ! Belle vengeance pour notre Alain Decaux de Melun !

- 204 -

FAUSSE NOUVELLE

Sandrine Rousseau aurait dans sa chambre tout un tas de posters de Chuck Norris et de Sylvester Stallone et écouterait les sketches de Jean-Marie Bigard en douce... enfin, selon *Voici*, l'information serait aussi fiable qu'un slobard de SPA !

- 205 -

GUILLAUME BATS A UN JUMEAU

Mon pote Guillaume Bats, qui était porteur de la maladie des os de verre, nous a quittés beaucoup trop tôt, le 1er juin 2023, à 36 ans, au même âge que Michel Petrucciani, qui souffrait des mêmes maux. Guillaume avait un frère jumeau, qui n'était pas porteur de cette maladie. À l'âge d'un an, le jeune Guillaume a été abandonné par sa mère qui a gardé seulement le jumeau valide. Lors d'un de nos déjeuners à la Mascotte, à Paris, où on avait l'habitude de se mettre la tête à l'envers, je lui ai dit : «*Si je résume, au Moyen Âge on t'aurait jeté aux loups!*» Il m'a répondu n'avoir aucune acrimonie envers sa mère! Cet humoriste exceptionnel avait la maturité d'un Matthieu Ricard, là où le seul truc qui est mûr chez moi, c'est mon foie! ! Paix à son âme et merci pour les fous rires! Tu me manques tous les jours!

- 206 -

VRAIE ANECDOTE D'UN POTE DONT JE TAIRAIS LE NOM CAR IL EST MARIÉ

Avec un de ses amis, ils se retrouvent dans un bar avec une femme. La femme est très entreprenante et a très envie d'essayer un plan à trois. Mon pote me dit : «*Comme j'ai jamais fait, ça a éveillé ma curiosité, tu comprends?!*» Qui sommes-nous pour juger? Ils se retrouvent donc dans l'appartement du copain, à se chauffer au champagne et à la vodka. Rappelons que les chauds lapins ont tous entre 50 et 55 ans! Vous savez ce que disait William Shakespeare à propos du vin : «*Il attise le désir mais diminue la performance!*» Bref, les deux copains sont durs comme un chamallow au feu de bois! La femme a beau tout faire, c'est morne plaine! Vexée, elle prend donc ses affaires et s'en va très loin! Mon copain m'a dit cette phrase fabuleuse : «*Quand on fait une partouze, je pense que c'est mieux de bander!*» Il aurait pu être pote avec Johnny, à si bien réinventer les évidences!

- 207 -

RENDEZ-VOUS MANQUÉ !

On se souvient tous de cette photographie mythique où Maradona, Pelé et Zidane jouent au baby-foot, évidemment, elle a fait le tour du monde ! Des légendes complices, copains comme cochons, qui posent pour une marque de luxe dans un petit bar de quartier ! On s'est tous dit : « *Voilà, les valeurs du foot c'est exactement ça, des petits gars simples, à l'ancienne, proches du peuple... Des gars comme nous !* » Des gars comme nous, tu parles ! Diego est arrivé au rendez-vous quatre heures en retard, les deux zozios étaient partis depuis longtemps ! Il a donc été rajouté numériquement sur la photo devenue légendaire... Jusqu'à quel âge doit-on encore croire au père Noël, bordel ?!!

- 208 -

AMITIÉ MÉCONNUE

Charlie Chaplin et Winston Churchill étaient potes dans la vie. Ils s'étaient croisés en 1929, lors d'une soirée à en Californie où ils se faisaient prodigieusement chier... mais ni l'un, ni l'autre n'avait réalisé qui était son interlocuteur ! Ils ont marché sur la plage plusieurs heures en évoquant le mal-être qu'ils avaient en eux. À cette horrible dépression, ils ont même donné un nom : le *black dog*. Alors ils ont fait un pacte, à savoir contacter l'autre quand la dépression les prenait et ne jamais ébruiter cette amitié ! Un fumier de gauche et un enfoiré de droite côte à côte, ça fait mauvais genre... Enfin, pas tant que ça finalement !

- 209 -

FAUSSE CITATION

« Moi, si je m'écoutais, je passerais mon temps les pattes écartées sur mon canapé à enquiller des bières devant les clips de Patrick Sébastien… Un jour, pour faire marrer mes potes, j'ai imité un bobo parisien un peu condescendant et puis c'est resté… Prisonnier de mon perso ! Parfois en loges, avant le direct du "Quotidien" je lâche des brouzoufs en m'écoutant du Patrick Topaloff et je suis le roi du pétrole ! »

Yann Barthès

- 210 -

FAUSSE CITATION *BIS*

« Moi demain, je fais exactement la même chose gratos… Ça n'a rien à voir ce que tu dis… J'ai pas changé moi, c'est plutôt 65 millions de personnes qui ont changé d'un coup je dirais ! »

Cyril Hanouna

- 211 -

FAUSSE CITATION *TER*

« En vrai j'ai toujours rêvé secrètement d'être numéro 2… À l'époque, je rêvais même que TF1 appelle Patrice Carmouze pour reprendre le lead… J'étais dégoûté d'être mis en avant comme ça ! Aujourd'hui enfin, grâce à Léa, mon rêve se réalise ! Je crois que j'adore être une sorte de Raymond Poulidor de l'audiovisuel désormais. Ça m'éclate vraiment ! »

Christophe Dechavanne

- 212 -

PROVERBE 2.0

Fuis-moi je te suis, suis-moi, je porte plainte !

- 213 -

FIABILTÉ 0,000 000 000 000 000 000 0001 %

Le général de Gaulle aurait eu une aventure avec Pompidou ! De temps en temps, il se mettait en guêpière et attendait son Premier ministre pour faire le point avant le conseil des ministres... On ne sait jamais trop ce qu'il se passe derrière les portes mais l'information viendrait d'un ancien conseiller de l'Élysée aujourd'hui tenancier d'un ball-trap dans la Creuse ! Vous imaginez un président de la République et son Premier ministre en train de batifoler ?!! Les gens ont parfois de ces idées !!!!

- 214 -

FAUSSE NOUVELLE LOI

Suite aux différents scandales de #MeToo, il est désormais interdit d'embaucher au cinéma un mâle qui est en mesure d'avoir une érection ! Jean-Pierre Castaldi, Guy Lecluyse et Chicandier vont donc respectivement camper Roméo, James Bond et Tarzan en 2025 ! Merci qui ? Merci #MeToo ! Voilà !

- 215 -

KAAMELOTT

Là, vous pourrez vraiment faire les malins auprès de ceux qui vont aux conventions Kaameloot et tout le bazar ! Au départ la série devait s'appeler Camelot mais Alexandre Astier, le créateur et acteur principal de la série a préféré finalement mettre un K pour faire plus mystérieux, doubler le A en référence à son nom Alexandre Astier et rajouter un T pour être bien sûr que les gens prononcent bien le nom de la série ! Après, comme dans la série, si un vrai puriste commence à vous faire des analyses de gamin de Sciences Po sur l'intégralité des épisodes, dialogues et personnages, contentez-vous de répondre : « *C'est pas faux* » !

- 216 -

AVOIR UN BON COPAIN

Robert De Niro a sauvé la vie de son copain Martin Scorsese. En effet, à la fin des années 70, le réalisateur était totalement dépressif, anéanti par les critiques suite à son film *New-York New-York*. Il était retombé dans toutes ses addictions, notamment la cocaïne, et avait dû être transporté d'urgence à l'hôpital ! De Niro est alors arrivé et lui a dit : « *Tu veux vivre ou tu veux mourir ?* » Martin ne savait pas trop quoi répondre à cette question. Alors De Niro lui a montré le scénario de *Raging Bull* et lui a dit : « *Si tu veux vivre, on fait ce film ensemble et tout va s'arranger pour toi !* » La suite, on la connaît… Donc un jour si vous êtes au bord du gouffre, n'hésitez pas à contacter Robert De Niro, il saura vous cajoler !

- 217 -

FAUSSE ANECDOTE CINÉMA – *STAR WARS*

Au départ, lorsque Dark Vador annonce à Luke Skywalker qu'il est son daron dans *L'Empire contre-attaque*, la réplique exacte était : «*Écoute mon graaaaaand, j'ai bien connu ta maman y a une vingtaine d'années, tu sais ce que c'est un verre, deux verres, six bouteilles... et puis on s'est mis sous un arbre, moi à l'époque j'avais pas de masque, on m'appelait "le Pistolero", toujours le fute aux chevilles et ta mère n'était pas vraiment farouche non plus... Enfin, il est possible que je sois ton, je sais pas un truc comme ton daron quoi... À faire confirmer par un test de paternité, évidemment!*» Le réalisateur trouvant la phrase un poil longue et comme Édouard pas n'était pas disponible pour cette tirade, cela a été remplacé par un simple : «*Je suis ton père.*» Tu m'étonnes qu'on parle de masculinité toxique et de patriarcat, si on ne nous laisse pas mettre les formes aussi!

- 218 -

DE LA MANIÈRE DE MANGER LES HUÎTRES

Les puristes disent qu'il ne faut absolument rien mettre avec les huîtres, à la limite un peu de poivre, et encore. Et puis y a l'équipe «citron» et il existe même l'équipe «vinaigre d'échalotes», ce qui pour certains est un crime de lèse-majesté. J'avoue que j'adore le vinaigre d'échalotes avec les huîtres (ne me frappez pas). Un jour j'ai posé la question à mon ami Joël Dupuch, ostréiculteur de son état et voilà sa réponse : «*Parce que tu fais toujours l'amour à ta femme de la même façon, toi?*» Et toc! «*Tiens Jeannot, fais péter le vinaigre et le ketchup!*»

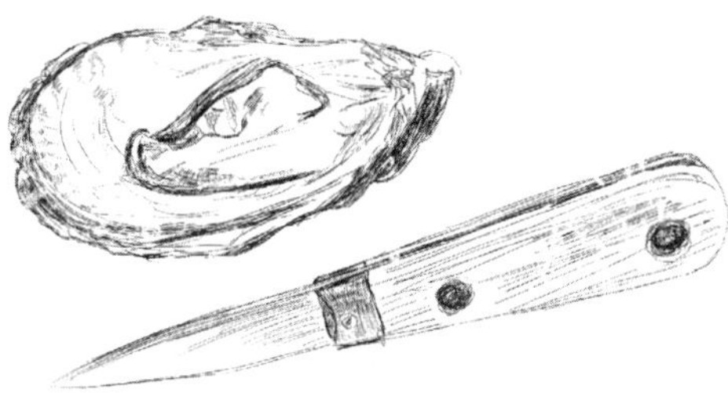

- 219 -

LES VRAIS PUNKS

L'autre jour à Rouen, dans le quartier du Gros-Horloge, je croise des punks, mais on aurait dit punks de magazine. L'iroquoise, le perfecto, le pantalon écossais chiné, les ceintures cloutées en cuir qui se chevauchent, les Doc montantes et évidemment tous les pin's et écussons qui vont avec ! À ce niveau-là, on parle limite d'un uniforme militaire, tout est calculé, millimétré, réfléchi... Alors que vous prenez le gros Dédé de mon bar de quartier, lui le matin quand il se sape pour descendre se taper ses ballons de rouge, il ne se pose pas toutes ces questions. Il a un t-shirt «*Arrête ou j'pète !*», une veste de pêche où on voit bouger quelques asticots, un bas de survêt' qui a dû être violet un jour, un seul chausson à cause de la goutte et comme il pleut il a mis un sac en plastique pour protéger les douze cheveux filasse qu'il lui reste... Non, définitivement Dédé remporte le concours punk haut la main ! Les autres, votre place est à la Fashion Week !

- 220 -

QUI GAGNE LE PLUS D'ARGENT PAR JOUR DANS LE MONDE ?

Jeff Bezos gagne en moyenne 107 millions de dollars par jour... Et pourtant il vole quand même les produits de beauté et les savons dans les hôtels ! Fumier un jour, fumier toujours...

- 221 -

ON N'A PAS TOUS LES MÊMES GOSSES

Le jeune Saeed Rashed al-Mheiri, originaire d'Abu Dhabi, a été reconnu à quatre ans comme le plus jeune auteur du monde par le Guinness World Records ! Alors que moi, l'autre jour, j'ai mon petit neveu de 19 ans qui m'a écrit : «*Salu tonton sa va frer' di moi tu m'preterez ta caisse avec des pote on veux voire jusquo mur de glasse pour prouvez que la tère et plate…*» Non décidément y a des gamins qui naissent plus éclairés que d'autres, on va pas s'mentir !

- 222 -

CITATION LEONARDO DICAPRIO

« *J'ai compris pourquoi les stars sont payées si cher. C'est parce qu'elles doivent endurer toutes les conneries qu'on peut écrire sur elles !* » Bon, après, on n'a pas non plus dit que c'était le plus grand des philosophes, Pépito ! Ça va ! Il est beau, c'est un comédien de génie, il est multimillionnaire, si en plus il te pondait les pensées d'Aristote, faudrait quand même sérieusement songer à lui faire du mal, non ?!

- 223 -

HISTOIRE DE GROS SOUS !

Comme disait Coluche : «*L'argent ne fait pas le bonheur des pauvres.*» Histoire vraie : en 1988, William, un Américain, a gagné 16,2 millions de dollars à la loterie, dans l'État de Pennsylvanie. Un an plus tard, il avait tout perdu et avait même un million de dollars de dette. «*J'aurais aimé que cela n'arrive jamais. J'étais beaucoup plus heureux quand j'étais fauché*», a-t-il confié au *Washington Post*. Après avoir été harcelé par sa famille pour qu'il investisse son argent dans les différentes entreprises familiales, il a été harcelé par son ex-compagne qui réclamait un tiers de sa fortune et son frère qui estimait n'avoir pas reçu assez avait même engagé un tueur à gages pour le faire liquider ! William a fini sa vie avec 450 dollars par mois, touchant même des bons alimentaires jusqu'à sa mort en 2006 ! Ah, la famille, y a que ça de vrai !!

- 224 -

SAVOIR COUPER SON TÉLÉPHONE!

Avec quatre de mes meilleurs amis, nous avons pris une habitude au restaurant lorsque nous nous y retrouvons, nous confions nos téléphones au barman qui les remise dans un tiroir et nous déjeunons comme si nous étions dans les années 80. Sans fil à la patte! Certains vont alors dire : «*Oui, mais si un truc grave arrive pile pendant ce laps de temps, personne ne pourra répondre!*» C'est en effet une possibilité... Alors pour les plus inquiets, laissez le nom du restaurant à votre entourage au cas où et savourez deux heures sans autre but que de rire avec vos potes et parler de bouffe et de sexe... en daubant sur les absents évidemment! Quoi de mieux?

- 225 -

UN BIOPIC SUR CARLOS

De nombreuses personnes, dont Gilles Lellouche, adoreraient voir se monter un biopic sur le chanteur, acteur, animateur aux mille visages. En effet le fils de Françoise Dolto a été, tenez-vous bien : masseur-kinésithérapeute, chanteur, animateur radio, secrétaire et garde du corps de Sylvie Vartan (Carlos adorait mettre des bourre-pifs), acteur, auteur, personnage de dessin animé, politicien, documentariste, spécialiste de botanique et spécialiste de la pêche au gros. Un CV long comme le bras, notre Papayou national. Bon après c'est vrai qu'un homme qui mangeait comme quatre, se battait, se prenait des cuites au rhum au milieu de femmes dénudées dans les îles et pêchait des thons de cinq mètres, c'est pas très 2,0... Je vais attendre que tout ça se calme un peu pour sortir le scénario du fils Dolto ! Comme disait papy les pieds bleus : « *Un homme qui aime les filles de joie et la pêche au gros ne peut pas être foncièrement mauvais !* »

- 226 -

FAUX SYNOPSIS

C'est l'histoire d'un gars qui vit à la campagne, la cinquantaine, il ne lui arrive absolument jamais rien. Il n'est pas malade, il travaille comme comptable dans une boîte qui s'appelle Sogipex. Il n'a pas de copine, n'a pas d'enfant, n'a jamais été marié. Il n'est pas alcoolique. Il ne se drogue pas, son IMC est impeccable. Il n'a aucun problème avec son entourage. Il n'a pour ainsi dire aucun ami et passe le plus clair de son temps libre à bouquiner ou à faire son jardin. Il dort bien. Il aime bien s'ennuyer un peu. Fin ! Bon j'attends déjà que Sylvain Tesson sorte le bouquin et je l'adapterai au cinoche derrière ! Après tout, Andy Wharol avait bien présenté un film dans lequel on voyait un homme dormir huit heures d'affilée ! Si les producteurs ne sont pas intéressés, moi je m'y connais pas !

- 227 -

12775 (PLUS OU MOINS)

L'acteur américain Warren Beatty a dit avoir eu 12775 conquêtes, plus ou moins! Enfin il dit «*plus ou moins*», mais ça semble assez précis quand même, ça pue le petit carnet de conquêtes (enfin, LES carnets de conquêtes). Disons que c'est un exercice qui n'est pas très noble, soyons honnêtes. Ça rappelle Popeye dans *Les Bronzés*, qui met ses conquêtes sur une balance pour savoir le tonnage exact de ses chéries à la fin de la saison! Personnellement, ça tient sur un post-it, mais j'ai interrogé les cinq et aucune n'a couché avec Warren Beatty! Et oui, on ne mélange pas les torchons et les serviettes mon pote!

- 228 -

HITLER ÉTAIT UN TOXICO!

En effet, son médecin, Theodor Morell, lui prescrivait tout un cocktail assez hallucinant. La journée, des méthamphétamines, puis des sédatifs pour l'endormir, notamment du Brom-Nervacit et même de l'Eukodal contenant de la morphine! Totalement drogué le moustachu! Le gros souci avec l'absorption de toutes ces drogues c'est que ça peut rendre légèrement paranoïaque! Imaginez si le sujet était déjà un sociopathe mégalomane bipolaire aigu qui voulait génocider à tout va et détruire le monde... Ça aurait pu nous être fatal cette histoire!

- 229 -

CITATION QUI VA PARLER À BEAUCOUP D'AMIES DE MA MÈRE

« À la mort de son mari, elle cessa enfin de se sentir seule ! »

Gilbert Cesbron

Comme disait Fabrice dans « La Classe »,
«*Et c'est tellement vrai…*»!

- 230 -

CITATION CONTRE LA PENSÉE UNIQUE

« Le pire de tous les vices c'est l'excès de vertu. »

Thierry Ardisson

En effet, l'homme en noir m'a permis de comprendre dans ses émissions cultes que la lutte contre l'hygiénisation de la société n'était pas qu'une blague potache de soirée mondaine mais certainement une lutte contre l'orwellisation de la société ! Alors merci Thierry ! Et puis, un homme qui est ami avec Laurent Baffie et Philippe Corti est un ami !

- 231 -

BON LÀ, OK, ON PEUT CLAIREMENT PARLER DE PERVERS NARCISSIQUE

Plusieurs proches de Picasso ont connu un destin tragique. Marie Thérèse-Walter, sa maîtresse et mère d'un de ses enfants, s'est suicidée. Même sort pour sa seconde épouse Jacqueline Roque. La photographe Dora Maar a sombré dans une grave dépression suite à son aventure avec le génie espagnol. Un des fils de Picasso s'est suicidé à l'alcool tellement il se sentait nul et inutile. La petite-fille de Picasso, Marina, décrit dans un livre le traitement des femmes par Picasso : «*Il les soumettait à sa sexualité animale, les apprivoisait, les ensorcelait, les ingérait et les détruisait sur ses toiles. Après avoir passé de nombreuses nuits à extraire leur essence, une fois qu'elles étaient asséchées, il les délaissait.*» Et dire que moi je me prends une branlée par ma femme, la Ramirez, quand j'oublie de sortir les poubelles... Bon, ceci dit, je n'ai pas peint *Les demoiselles d'Avignon* ni *Guernica* !

- 232 -

LE CANARD AU SANG

C'est un plat inventé à Rouen par le père Denise. Il est composé de diverses parties d'un canard servies avec une sauce constituée de son sang et de sa moelle osseuse, extraits au moyen d'une presse à canard. C'est devenu la spécialité du restaurant La Tour d'Argent. Une fois, avec la Rami, nous sommes allés déguster ce merveilleux plat. À côté de nous, un premier rendez-vous. Un mec style trader et une mannequin très mince. Il lui a sorti le grand jeu, champagne, caviar, et avait réservé le fameux canard au sang. Lorsque le serveur a pressé la carcasse du canard devant eux avec la moelle épinière et le sang caillé de la bête qui coule le long du pressoir en argent, la mannequin a crié, s'est levée et a couru vomir aux toilettes. Elle est partie immédiatement en taxi ensuite, laissant le prétendant sur la béquille... Alors que ma Rami, elle sauçait tranquille en éclatant de rire... Mais c'est vrai que la Rami, elle vaut un million de mannequins ! Et toc !

- 233 -

ANECDOTE TOURNAGE COLUCHE ET JEAN YANNE

Durant le tournage du film *Deux heures moins le quart avant Jésus Christ*, les rapports entre Coluche et Jean Yanne devinrent impossibles suite à une blague de Coluche sur l'état de santé de Jacques Martin, un des meilleurs amis de Jean. Jacques Martin devait tenir un rôle dans le film (il a finalement été remplacé par Léon Zitrone). Ils ne se sont alors plus adressé la parole jusqu'au clap de fin ! Comme dit un faux proverbe africain : «*Si tu mets deux lions dans une même cage, y a peu de chance pour qu'ils se massent les noix !*»

- 234 -

LE PÉNIS LE PLUS LONG DU MONDE

C'est celui de Roberto Esquivel Cabrera, il mesure, écoutez-moi bien, un peu plus de 48 centimètres au repos ! Je ne sais pas trop ce qu'on peut faire de cette information ! D'façon ma femme, elle dit que la taille, ça compte pas... C'est vrai, hein ?! Elle me dirait pas des conneries juste pour me rassurer la Rami ?!!!

- 235 -

FAUSSE CITATION

« Moi je vous le dis tout net, les années 70 m'ont cassé les noix, le côté "gonzesses partout", les bringues, les potes, la liberté absolue, le fric, rouler comme des dingues, les soirées blanches du père Barclay avec Johnny, Eddy et Carlos, ça va bien deux minutes… on était

juste des inconscients, voilà tout! Non aujourd'hui je fais mon petit vélo électrique, je cultive une ruche sur mon petit toit de Paris, j'ai mes petites toilettes sèches pépouze, mon compost, avec les potes on se boit une petite camomille devant "Quotidien" et on est heureux comme des cailles!»

Michel Sardou

- 236 -

LE PLUS LONG PET DU MONDE

59 secondes, c'est officiellement le record du pet le plus long de l'histoire. Cet exploit est attribué au Britannique Paul Oldfield, baptisé «Mr. Methane». Il a même tenté de passer en France dans l'émission «Un incroyable talent» mais il a été recalé. En revanche il est arrivé en demi-finale de la version allemandede l'émission! Un peuple si raffiné! D'ici à ce que Paul fasse le buzz en Allemagne avec une phrase comme : «*On est bleu, on est méthane, on n'est pas des Français!*», il n'y a qu'un pas!

- 237 -

LA MAMAN LA PLUS ÂGÉE

70 ans! C'était l'âge supposé de l'Indienne Omkari Panwar lorsqu'elle est devenue maman de jumeaux à l'aube de ses 71 printemps. Quand on parle de repeupler la France, il serait peut-être bon de ne pas oublier les EPHAD non plus! Un bon vieux Charles Trenet, de la sangria, une boule à facettes et baaam, Lucienne et René n'ont pas dit leur dernier mot! «*Non, en revanche, ne poussez pas Madame, vous n'êtes pas enceinte, on déconnait là! Ne poussez pas on vous dit... et merde!!*»

- 238 -

CE N'EST PAS DE VOLTAIRE

La fameuse phrase «*Je ne suis pas d'accord avec ce que vous dites, mais je me battrai jusqu'à la mort pour que vous ayez le droit de la dire*» n'est absolument pas tirée d'un quelconque ouvrage du philosophe des Lumières. Elle est en réalité tirée d'un livre de Evelyn Hall, *The Friends of Voltaire*, où elle essaye en une phrase de résumer la pensée de son idole. Une erreur dans le placement des guillemets a donc créé cette légende urbaine qui a la peau dure ! Avec ça, si vous ne faites pas le malin en société, moi je ne m'y connais pas !

- 239 -

CONCERT FUNESTE POUR LES STONES

C'était à un festival à Altamont (États-Unis), le 6 décembre 1969 dans lequel jouaient les Rolling Stones. Le manque de sécurité, la drogue, l'hystérie, la présence des Hell's Angels (la section la plus dangereuse) et l'ambiance délirante de l'époque ont malheureusement conduit au meurtre de quatre personnes ! Mick Jagger a d'ailleurs levé le pied sur toutes ses consommations après cette tragédie ! Alors que je suis allé voir Julien Doré à l'Arena y a deux ans, et ben ça s'est passé nickel... Comme quoi y a pas de règle... Ceci dit, dans les concerts de Julien Doré, y en a rarement aussi !

- 240 -

CONSTAT PHOTO DE PROFIL DES HATERS

Hasard ou coïncidence, j'ai remarqué que les haters qui disent énormément de méchancetés sur les réseaux ont souvent un chat comme photo de profil! C'est vrai que le chat est quand même le seul animal qui dans un laps de temps assez court peut te griffer la gueule, te lécher les doigts et te frotter son anus sur le nez! Comme un hater, il a ses impulsions propres en somme... Ceci explique peut-être cela! Ma belle-sœur a une photo de chat comme photo de profil et c'est une belle... ah non, c'est vrai, elle risque de lire ce livre... Non, non, elle est super, ma belle-sœur... Même trop peut-être... mais loin surtout, c'est bien, loin!

- 241 -

LE GRATIN DAUPHINOIS N'EST PAS LE GRATIN SAVOYARD

Le gratin dauphinois, c'est simple, c'est des pommes de terre, de la crème, de la noix de muscade. Certains font précuire les patates, d'autres les font d'abord tremper dans le lait… Y a des variantes mais saupoudrer le tout de gruyère ou de comté c'est non, ça ne s'appelle plus un gratin dauphinois, ça s'appelle un gratin savoyard ! Parce qu'il y a des gens, comme mon daron, qui n'aiment pas le fromage (oui je sais, je les regarde bizarrement aussi) et il faut savoir les respecter ! Alors, amis restaurateurs, arrêtez de saupoudrer de fromage les gratins dauphinois, c'est pas vous qui vous tapez deux heures avec le *padre* qui gueule dans sa barbe après… parce qu'ensuite il embraye sur la politique et les vaccins, et là autant te dire que ton dimanche, il est parfaitement niqué !

- 242 -

335 MILLIONS !

C'est le nombre d'albums (oui, vous avez bien lu, 335 millions) vendus par Michael Jackson tout au long de sa carrière ! Quand on sait qu'aujourd'hui un disque d'or en France correspond à la vente de 50000 albums... Bon, après, le Michael il a pété un boulard et il a construit un parc d'attractions dans sa maison et il dormait dans sa chambre avec des enfants de 6 ans... Dormir c'est peut-être pas le bon terme !!! Tout ça étouffé avec ses gros millions de dollars !! Alors oui, bien sûr, nos artistes français roulent en Twingo et vivent dans des T2 en banlieue mais au moins ils ne passent pas leur temps à être en pyjama d'attardé avec des gosses et à faire des saloperies, eux !!! Enfin je dis ça, j'en sais rien, c'est ma femme de ménage qui m'a raconté ça !

- 243 -

CITATION DE DIVA

« Tu vois, c'est pas la peine, de me chanter un air d'opéra, un p'tit texto qui dit je t'aime et ça me va ! »

Lorie Pester

Bien sûr, c'est avec des mots plus modernes, mais au fond elle dit la même chose qu'Edith Piaf dans « Mon manège à moi ». On se raccroche toujours au passé sans voir les choses belles du présent, c'est dommage tout de même de ne pas avoir une sorte de... de... *positive attitude*, tiens ! Ben tiens, c'est de Lorie Pester, ça aussi ! Décidément, un joyau méconnu de notre couronne ! Prends ça dans ta face Barbara ! Quant à toi Lorie, mon 06 correspond au code-barre inversé, je dis ça au cas où... enfin t'as compris quoi !

- 244 -

CITATION POUR FAIRE CHIER MON FRANGIN

Quand on se chamaillait avec mon frère aîné, j'utilisais souvent un vieux proverbe culinaire à propos des crêpes : «*La fratrie, c'est comme les crêpes, la première est toujours ratée!*» Bon après, grosse claque dans ma gueule, il l'a ratait rarement celle-là le Fafou! Normal! Mais c'est pour rire, c'est pour rire... tu vois bien que JE RIGOLE, NON???!!

- 245 -

VISITEUR DU FUTUR

Il est une théorie qui consiste à dire que certains grands romanciers de science-fiction sont en fait des voyageurs dans le temps et qu'ils sont revenus du futur pour nous alerter des dangers des nouvelles technologies, par exemple Isaac Asimov avec entre autres ses *Fondations*, ou Philippe K. Dick avec son livre *Blade Runner.* Lors d'un merveilleux reportage Arte, les fameux «52 minutes», un de ses meilleurs amis a raconté une chose étonnante à propos de Philippe K. Dick, il a dit textuellement : «*C'est compliqué à expliquer mais il se souvenait du futur!*» Après dans vos têtes, vous pouvez très bien faire la musique de *La Quatrième Dimension...* Ça colle bien, je trouve!

- 246 -

RUMEURS

« Faut faire extrêmement attention aux rumeurs parce qu'à de très rares exceptions près, elles sont fausses ! »

Un journaliste de Voici

- 247 -

LES PAGES LINGERIE DE LA REDOUTE

Si un jour, vous vous retrouvez bloqué dans une discussion avec un homme qui a sensiblement votre âge et que vos désaccords sociaux, sociétaux, politiques, de mode de consommation, etc., commencent à pourrir l'ambiance, juste une petite astuce, balancez que le capitalisme a eu un jour du bon, ne serait-ce que pour les pages lingerie du catalogue La Redoute de votre daronne! Vous verrez dans les yeux de votre interlocuteur une lumière s'éclairer... À ce moment-là vous aurez à nouveau tous les deux 14 ans, le papier toilette dans la main et le pantalon aux chevilles en train d'entendre votre mère hurler «*À taaaaaaaable*», alors que la course à la montre commence! Et ça, ça rapproche un peuple, croyez-moi! Et combien de fois on s'est terminé sur la voix de sa maman... Quand ça veut pas!!!

- 248 -

3,5 MILLIONS

C'est le record absolu à battre des deux concerts qui ont réuni le plus de monde de toute l'histoire de la musique à savoir Jean-Michel Jarre pour le spectacle Oxygene à Moscou en 1997 et Rod Stewart à Copacabana (Rio de Janeiro) en 1994! Un mangeur de grenouilles et un rosbif!! Alors, ça fait moins les malins, les Ricains d'un coup? Les Bruce Springsteen, les Madonna, les Beyoncé... Comme disait mon ex à propos de ma proposition de filmer nos ébats : «*Pas besoin de trois caméras pour filmer une morille!*»

- 249 -

POISSON MORTEL

Le fameux poisson mortel se nomme le fugu, on parle en réalité de 100 espèces de tétraodontidés, des poissons qui se gonflent face à un ennemi. Le poison qu'il libère peut tuer un humain entre quatre et six heures après son ingestion. Si un jour, vous rentrez chez vous et que votre femme (ni Japonaise ni cheffe cuisinière surqualifiée) vous dit : «*Je te prépare un bon fogu mon amour!*», ne vous posez pas la question : vous vous êtes fait gauler! Minez d'avoir oublié votre porte-documents dans la voiture et roulez le plus longtemps possible... Elle vous retrouvera de toute façon... Elle vous retrouvera et comme dans *Taken*, elle vous tuera!

- 250 -

RAYMOND DEVOS ÉTAIT PRESSENTI POUR JOUER DANS LE PREMIER *INDIANA JONES*

Spielberg avait croisé Raymond Devos sur un plateau de télé en France pour la sortie d'*E.T.* et il avait été fasciné par la logorrhée verbale du personnage, sans rien y comprendre évidemment. Et puis lors du casting d'Indy il a repensé à lui mais en pesant le pour et le contre, il s'est dit : il n'a pas le physique de l'emploi, il ne parle pas anglais, personne ne le connaît aux États-Unis, on risque de galérer pour les cascades, ça risque d'être coton pour les raccords maquillage à cause de la transpiration et en plus il est indisponible car tout le temps en tournée... Parfois, ça se joue à rien la vie, mais ça aurait eu de la gueule tout de même ! Ce qui est vrai, c'est que c'est Belmondo qui a inspiré le personnage à Spielberg dans *L'Homme de Rio* ! Cocorico quand même !

- 251 -

TIM BURTON : DRESSEUR D'ÉCUREUILS

Pour son film *Charlie et la Chocolaterie*, le réalisateur Tim Burton voulait au maximum limiter le nombre d'effets spéciaux, aussi, il a fait dresser 40 écureuils pour que les scènes soient d'un réalisme confondant ! Putain, aux États-Unis, même les écureuils appliquent la méthode de l'Actors Studio... Tu m'étonnes qu'on soit à la ramasse, nous ! Bon, je vous laisse je dois faire un raccord nuque dans *Joséphine, ange gardien.*

- 252 -

BRUITAGE ÉTONNANT

Les sons émis par les brachiosaures dans *Jurassic Park* étaient tout simplement une combinaison de sons émis par une baleine et un âne ! Si t'arrives à caser ça dans un repas, normalement tu ne repars pas solo !

- 253 -

SLUMDOG MILLIONNAIRE

On se souvient tous de la scène où le jeune Jamal Malik tombe des toilettes et se retrouve recouvert d'excréments. Et bien juste ciel, il ne s'agissait pas vraiment d'excréments mais d'un savant mélange de chocolat et de cacahuètes écrasées. Certains jeunes figurants sont même venus se servir sur le corps du jeune acteur après la prise. Donc si vos enfants veulent réaliser des films et que dans le scénario il est prévu que l'un d'eux soit recouvert d'excréments, inutile qu'ils bourrent Médor de laxatifs... Vous avez la solution ! Je dis ça parce qu'avec mes copains, à l'époque, on avait eu une idée de scène un peu similaire et... enfin, on n'avait pas encore trouvé la combine, quoi !

- 254 -

UCHRONIE

Le professeur Balaik a prouvé scientifiquement dans une uchronie de deux lignes que si Jean Castex n'avait pas remplacé Édouard Philippe au poste de Premier ministre, absolument rien n'aurait changé ! C'est scientifique, on vous dit !

- 255 -

QUI NE TENTE RIEN N'A RIEN

La première cassette de blagues qu'on a envoyée avec mes copains Guillaume, Bertrand et Julien s'appelait « En route vers la gloire », on avait envoyé ça à TF1 et à Canal+, on avait une quinzaine d'années. Le premier sketch consistait en une discussion entre deux crevettes qui s'appelaient respectivement « Denzel et Maurice », doublées par nos voix (on se bouchait le nez pour qu'elles soient nasillardes). Ce sketch durait 7 minutes et on l'avait mis en premier car on considérait que c'était le plus abouti de la K7 ! Bref... faut jamais lâcher les enfants... enfin je dis ça, aujourd'hui je pourrais être notaire à vivre dans un manoir en Sologne... non je corrige : « *Faut parfois savoir lâcher les enfants ! Écoutez bien Tonton Chicandos, il faut savoir lâcher !* »

- 256 -

FAUSSE CITATION

« J'arrêterais le porno le jour où les couilles auront des dents ! »

Rocco Siffredi

- 257 -

APOLLO 8... COMME UNE LÉGÈRE ODEUR DE SOUFRE !

En décembre 1968, la mission Apollo 8 emporte le premier vol habité au-delà de l'orbite terrestre. Le commandant Frank Borman accompagné de Jim Lovell et Bill Andres font au total dix révolutions autour de la Lune avant de regagner la Terre une semaine après leur départ. Lorsque les hommes-grenouilles ouvrent la capsule en pleine mer, ils reculent à cause de l'odeur pestilentielle qui règne à l'intérieur de l'engin. Par crainte de se voir écarté de la mission, ce fumier de Frank Borman avait oublié de mentionner qu'il avait une courouille de tous les diables ! Moralité : parfois, au sens propre comme au sens figuré, il faut savoir mettre les gaz !!

- 258 -

UN MÉTIER PAS COMME LES AUTRES

Renifleur pour la NASA ! En effet, chaque objet qui entre dans la station spatiale internationale doit être reniflé pour s'assurer que l'odeur sera supportée dans l'ISS, car évidemment, si ça schlingue, on ne peut pas ouvrir les fenêtres ! Chaque objet est chauffé pendant trois jours à 49 degrés et soumis aux renifleurs !! *« Il fait quoi ton gamin toi ? » « Il travaille pour la NASA ! » « Whaou, la classe, et il fait quoi exactement ? » « Euh... je sais plus trop mais je sais que ça aide beaucoup les astronautes à supporter les longs séjours là-haut ! » « Tu vois quand je l'avais surpris en train de renifler les culottes de ma femme, je m'étais toujours dit qu'on n'en ferait rien de ton gamin... Et ben j'avais bien tort ! »*

- 259 -

57 ANS

C'est le temps que mettrait une Formule 1 lancée à 300 km/h depuis la Terre pour atteindre le Soleil ! Cette information est totalement inutile, là c'est vraiment que vous n'avez plus rien à dire à votre rencart ! Et je ne suis pas certain qu'en balançant cette information elle ne vous range pas dans la catégorie « geek psychopathe qui découpe des gens avant de les bouffer ». C'est vous qui voyez !

- 260 -

ESPACE TOUJOURS

Notre galaxie tourne sur elle-même à la vitesse de 900000 km/h, pourtant elle met 220000 ans pour faire une rotation sur elle-même. Sachant qu'en même temps, la Terre tourne sur elle-même à la vitesse de 1600 km/h, pendant qu'elle tourne autour du soleil à la vitesse de 1070219 km/h et que l'univers s'étend d'environ 70 km/s. À vos calculatrices : quelle est la véritable vitesse de Didier (pour quelqu'un qui l'observerait depuis un univers parallèle) lorsqu'il monte à 136 km/h dans son Kadjar entre Paris et Dunkerque, une clope dans la gueule, une main sur la cuisse de sa femme Chantal, avec sa coupe mulet et Johnny à fond les manettes ? Vous avez deux heures...

- 261 -

SAUVÉ PAR LES DAUPHINS

Stève Stievenart, célèbre nageur qui parcoure des distances incroyables a tenté la traversée du North Channel qui relie l'Irlande à l'Écosse. Cette course est dangereuse pour deux raisons principales : l'eau glaciale et les méduses. À un moment, alors que son corps était tétanisé par les piqûres et qu'il pensait devoir arrêter car le ban de méduses s'intensifiait autour de lui, il a lancé un appel à la nature pour l'aider... Quelques instants après, les méduses se sont écartées et des dauphins sont arrivés et l'ont escorté pour qu'il puisse nager librement ! Ils ont accompagné le nageur un long moment pour être sûrs qu'il n'y ait plus de danger pour lui ! Des phénomènes similaires ont été constatés pour des nageurs menacés par un requin ! Cette théorie s'appelle les lois de l'attraction : il faut penser très fort à quelque chose pour que cela arrive. Par exemple, là, moi, je pense très très très fort à Quentin Tarantino qui cherche un gros lard français un peu beauf pour son prochain film... Je vous dirai !

- 262 -

ROCANCOURT, T'ES UN GAMIN

Un jour un mec nommé Pisistrate (on dirait le nom d'un médoc), un chef de guerre aux nombreuses victoires, décide de prendre le pouvoir à Athènes. Il en avait gros comme on dit! Il arrive tranquille, il s'installe dans le temple, en fait sa résidence permanente et pour bien prouver que c'est l'élu, il déguise une de ses maîtresses en Athéna et il fait des tours de char un peu partout avec elle pour bien montrer qu'il est maqué avec une déesse! Pour avoir plus de gardes du corps, il montre sa tête ensanglantée à tout le monde en disant qu'on vient de tenter de l'assassiner alors que c'est simplement son barbier qui l'avait coupé un peu! Et dire que je culpabilise quand je pique dans la tirelire de la gosse...

- 263 -

ARNAQUE TOUJOURS

Gregor MacGregor : le gonze qui a vendu un pays qui n'existe pas! Écossais de naissance, il se greffe au mouvement de lutte indépendantiste aux États-Unis sans grand succès, puis il a une idée de génie : il invente un pays qu'il nomme Poyaïs, soi-disant un territoire d'Amérique centrale qui lui aurait été cédé par la couronne britannique, il invente ensuite toute une légende autour de cette terre (monnaie, drapeau, etc.) pour attirer des investisseurs et ça marche! Comme disaient les Inconnus : «*Il ne faut pas prendre les gens pour des cons mais il ne faut jamais oublier qu'ils le sont!*»

- 264 -

ARNAQUE FIN

Paris, 2019. Une dame accompagnée de sa servante se fait passer pour la troisième épouse d'un cheikh de Dubaï. Elles se rendent dans une bijouterie et demandent à faire placer des diamants dans un écrin, en disant que le mari fera le virement le lendemain, la vendeuse s'exécute. Pendant ce temps un troisième complice téléphone, le temps qu'elle aille répondre les diamants sont échangés contre des bouillons cubes !!
Le lendemain, constatant qu'aucun virement n'avait été effectué, la vendeuse a ouvert les écrins pour ranger les diamants et là, surprise, 6 bouillons de poule à 1,5 million d'euros ! D'où l'expression : «*Je crois qu'on a bu le bouillon, Martine !*»

- 265 -

LA GUERRE LA PLUS RAPIDE DU MONDE

Elle opposa les Anglais à Zanzibar et elle a duré en tout et pour tout 38 minutes et se limita à un bombardement entre 9 h 02 et 9 h 40, le 27 août 1896 ! Fin du bal ! Comme dans *Astérix et Obélix : Mission Cléopâtre* entre Caïs Céplus et Caïs Antivirus. «*C'est pas qu'une question de moyens !*» «*Si*» «*Non, je ne crois pas*» «*Si*», «*NON*», «*Siiiiiiii*», «*NOOOON*», «*Siiiiiiiiiiiiiiii*»... Enfin, on pourrait continuer comme ça des heures ! Mais parfois c'est quand même qu'une question de moyens ! Non, fin du débat les mecs !

- 266 -

LA PREMIÈRE REINE DES CIEUX

La première femme pilote d'avion était française et s'appelait Raymonde de Laroche, elle a obtenu sa licence de pilote le 8 mars 1910. En 1930 à propos d'elle la presse écrivait : « *Une femme qui s'épanouit dans le ciel n'aura plus jamais sa vie dictée par le temps libre d'un homme !* » Est-ce qui ai inspiré Djamel Bensalah pour son film *Le ciel, les oiseaux et... ta mère !* ? Le doute plane !

- 267 -

LE FILM LE PLUS CHER DE TOUTE L'HISTOIRE DU CINÉMA

C'est *Pirate des Caraïbes : la Fontaine de jouvence*, 410600000 dollars ! C'est d'ailleurs grâce à ce film que Johnny Depp a pu s'acheter une île aux Bahamas « Little Hall's Pond », ainsi qu'un penthouse de 9 chambres et 14 salles de bain dans l'Eastern Columbia Lofts à Los Angeles... et pourtant toutes ces commodités n'ont pas empêché Amber Heard de déféquer dans les draps ! Parfois le mieux est l'ennemi du bien ! Nous on habite en lotiss' et ma femme, ça fait au moins 40 ans qu'elle est propre ! Na !

- 268 -

LES PERLES DE LA TÉLÉRÉALITÉ (ON SE DEMANDE QUAND MÊME S'ILS N'ONT PAS DES AUTEURS)

John-David, philosophe, Secret Story 2
« C'est pas au vieux singe qu'on apprend à faire des limaces. »

Daniela, mollusque, Secret Story 3
« Je suis têtue comme une moule. »

Kamel, poète animalier, Loft Story 2
« Mes cheveux j'aimerais qu'ils soient tout raides, comme ceux des oiseaux. »

David, provocateur, Loft Story 2
« Tu les emmerdes avec un grand A. »

Eloïsha, en quête spirituelle, Star ac' 6
« Ce n'est pas l'âge qui fait le moine. »

Cassandra, décoratrice d'intérieur, Les apprentis aventuriers
« J'aimerais qu'on fasse table basse du passé. »

Nabilla, historienne, Les Anges 4
« C'est la guerre mondiale de 78. »

Stéphanie, prof d'anatomie, Secret Story 4
« C'est une fille qui n'a pas sa langue dans sa bouche. »

Anaïs, physicienne, Le bachelor

« Tu penses qu'on peut bronzer avec le feu ? »

Léana, coloriste, Les anges

« Je ne peux plus me le voir en teinture. »

Ça rappelle quand même un truc assez fondamental, les études c'est quand même important, les enfants !! Une autre phrase d'Audiard qui va avec concernant la bêtise : «*Il faut apprendre à se taire pour faire oublier qu'on est bête au lieu de l'ouvrir et de ne plus laisser aucun doute à ce sujet !*»

- 269 -

FAUSSE CITATION

« Chez Rolex, on m'empêchera pas de penser que la Daytona a quand même plus de gueule que la Submariner ! L'autre soir au VIP de Saint-Tropez avec ma Daytona, les meufs étaient comme des dingues ! »

L'abbé Pierre

- 270 -

LA VIE APPREND À NE JAMAIS AVOIR DE CERTITUDES

Mon film préféré étant *Itinéraire d'un enfant gâté* de Claude Lelouch, je m'étais juré que ce serait aussi le film préféré de ma douce. Lorsque je me suis mis avec la Rami, j'ai immédiatement programmé une soirée visionnage avec elle, bougies parfumées, blinis, saumon fumé et tout et tout... Elle s'est endormie au bout d'un quart d'heure... Et ça fait quand même 13 ans qu'on est ensemble ! Non finalement je trouve la phrase de Desproges très vraie : «*La seule certitude que j'ai c'est d'être dans le doute.*»

- 271 -

ELVIS ÉTAIT BLOND

Ça vous la coupe, hein? Et oui, Elvis Presley était blond comme les blés ! Vous imaginez le King avec la coupe de Claude François ? Au début il se mettait de la cire dans les cheveux puis il est rapidement passé à de vraies teintures ! Marilyn Monroe, elle, était brune en revanche... Comme disait mon coiffeur Kévin Provost (son cousin) : «*Une bonne coupe de cheveux peut changer une vie !*»

- 272 -

LE PANACHE A LA RUSSE

Le joueur de tennis Marat Safin disputait la finale de l'Open d'Australie en 2002. La veille, il est sorti en boîte de nuit, s'est bourré la gueule et a ramené trois élégantes dans sa suite. Le matin, alors qu'il prenait son petit déjeuner à la vodka, il a demandé aux trois *ladies* de l'accompagner au tournoi. Assez logiquement il perdit son match face à Thomas Johansson et lorsqu'il prit la parole pour s'adresser au public, il remercia très ironiquement sa famille toujours présente dans les moments importants de sa vie. Les téléspectateurs ont pu voir un gros plan sur trois femmes blondes magnifiques... pensant qu'il s'agissait des sœurs du joueur... Les vrais savaient ! Si mon Beigbeder avait joué au tennis, il aurait pu faire la même !

- 273 -

« J'ai claqué beaucoup d'argent dans l'alcool, les filles et les voitures de sport, le reste je l'ai gaspillé ! »

(George Best)

- 274 -

CITATION FILM

« Je suis ancien combattant, militant socialiste et gérant de bistrot ! C'est vous dire si dans ma vie j'ai entendu des conneries. »

Un idiot à Paris

- 275 -

ON CONNAÎT ENFIN L'ASSASSIN DU PRÉSIDENT KENNEDY

C'est très simple : il s'agit tout simplement de la CIA, ainsi que l'atteste l'ensemble des documents déclassifiés il y a peu… Ah, excusez-moi, le flingue qu'on vient de me braquer sur la tempe m'indique que non, c'est bien Lee Harvey Oswald qui a assassiné le président Kennedy, tout seul comme un grand et que le débat est définitivement clos. Quand on a des arguments massifs, aussi !

- 276 -

PLAISIR COUPABLE

Nous les darons, nous avons une joie extraordinaire, somme toute assez simple. Lorsque le dimanche soir tout le monde est fatigué et que personne ne veut faire la cuisine, on va chercher le petit fast food familial. Évidemment c'est papa qui s'y colle et là, le bonheur ultime, c'est de prendre le petit cheeseburger qui ne compte pas et de taper dans les frites chaudes des gosses ! Oh, on décide jamais des vacances, on décide jamais de la fréquence des rapports, ni des menus, on retire ses pompes à l'entrée, on sort les poubelles… Ce petit moment, je vous le dis, c'est un des derniers vrais plaisirs de l'homme de lotissement ! Le seul résiduel du néandertalien !

- 277 -

MOUSTACHE OU PAS MOUSTACHE

Gérard Jugnot est apparu pour la première fois à l'écran sans moustache dans l'excellent film *Tandem* de Patrice Leconte sorti en 1987 ! Les gens ont alors compris qu'il y avait un immense acteur derrière *Pinot simple flic* ! Personnellement, quand je me rase, ma femme refuse de m'embrasser et de me regarder ! J'ai dû être rasé pour mon rôle de Gérard dans la série *Tapie*, et ben avec la Rami, ce fut compliqué pendant trois semaines… Le cinéma ou l'amour de sa chérie ? La vie est une question de choix ! À défaut de talent, il nous reste la barbe, à nous, les gros !

- 278 -

LOTISS'MAN

J'ai inventé ce personnage de LOTISS'MAN pendant le confinement. Un jour qu'on devait signer une auto-attestation pour pouvoir soi-même sortir de chez soi, je me suis retrouvé dans mon lotissement à l'air libre. J'avais l'impression d'être un super héros mais sans cape, sans pouvoir et avec du bide. J'avais le pouvoir de laver ma bagnole, acheter des saucisses pour le barbecue, dire bonjour à la voisine qui sortait son clébard… LOTISS'MAN était né ! Après on a commencé quelques clandos entre LOTISS'MEN… mais chuuuuuuut, ça, c'est classé « secret défense » ! Notre Vietnam à nous, c'est le lotissement !

- 279 -

LES DÎNERS DE CONS ONT RÉELLEMENT EXISTÉ

Un jour, Jacques Martin avait été convié à l'un de ces dîners mais son con l'a planté au dernier moment. Castel lui a alors indiqué le nom d'un réalisateur télé (on taira son nom) qui était, paraît-il, d'une bêtise époustouflante. Cela donna l'idée à Weber d'en faire d'abord une pièce de théâtre, puis ce long métrage que l'on connaît tous ! Une fois, c'est l'acteur Claude Brasseur qui fut invité en tant que con et sans le savoir à un de ces dîners. C'était l'époque où il courait le Paris-Dakar et il était devenu totalement mono-sujet ! Une pièce dans le juke-box et on ne l'arrêtait plus… L'immense Claude Brasseur en riait, ce qui montre à quel point il était évidemment nettement moins sot que ceux qui l'avaient invité ! Et toc !

- 280 -

SECRET DE LONGÉVITÉ D'UN COUPLE

« La seule façon de réussir la vie à deux, c'est de faire chambre à part, d'avoir des appartements séparés, de ne jamais manger ensemble et de ne surtout pas prendre ses vacances en même temps ! »

Jean Yanne

- 281 -

L'ANIMAL LE PLUS RAPIDE DU MONDE

Comme tout le monde, on a tendance à répondre «le guépard» quand les gosses nous posent pour la 589e fois cette question. Et bien, le guépard est certes rapide puisqu'il fait des pointes à 110 km/h, mais l'animal le plus rapide est le faucon pèlerin qui peut lui monter à 360 km/h. Au prochain goûter d'anniversaire des gosses, vous allez faire sensation... Non je déconne, ils seront sur TikTok et répondront «OK boomer» à toutes vos phrases... Laissez tomber en fait et mettez des barres chocolatées dans vos poches pendant que les gosses regardent ailleurs!

- 282 -

POURQUOI LES HOMMES NE PEUVENT PAS FAIRE L'AMOUR PLUSIEURS FOIS DE SUITE ?

C'est ce qu'on appelle la période réfractaire. Elle n'existe quasiment pas chez les femmes, d'où l'orgasme multiple. Chez les adolescents cette période dure une minute ou deux, chez les jeunes hommes quelques minutes, puis cette période s'allonge avec le temps pouvant même aller jusqu'à plusieurs jours pour les hommes âgés ! Un de mes amis, quinquagénaire, a essayé l'échangisme avec sa femme... Il a bien saisi ce que signifiait l'absence de période réfractaire chez sa douce alors qu'il enquillait des bières au comptoir et que sa femme semblait s'entendre avec l'ensemble des copains ! L'arroseur arrosé en somme...

- 283 -

VOL DE SCÉNARIO À HOLLYWOOD

C'est malheureusement monnaie courante à Hollywood... et pas que ! Jeff Grosso a écrit un scénario assez autobiographique puisqu'il étudiait le droit et jouait au poker pour payer ses études. Il l'a proposé un peu partout à Hollywood. Aucune nouvelle. Et puis des années plus tard il a eu la stupéfaction de constater la sortie du film *Les Joueurs* avec Matt Damon, dans lequel un jeune étudiant en droit paye ses études en jouant au poker avec tous les personnages qu'il avait imaginés. Il n'a évidemment jamais gagné son procès contre le producteur du film, un certain Harvey Weinstein... Décidément, un personnage délicieux !

- 284 -

15 HEURES

C'est la durée de l'opéra le plus long à savoir *L'Anneau du Nibelung* de Richard Wagner ! Une légende raconte que Wagner lui-même se barrait au bout de cinq heures de ses propres spectacles en disant : « *Viens Greta, on va bouffer une bonne saucisse-frites avec une grande bière, on se fait trop chier là !* » Non mais 15 h, sans déconner, c'est de la rage ! Mon spectacle *La 9ème vie du chat* il fait 1 h 12, derrière tu peux manger ton andouillette moutarde tranquille et même faire ton petit câlin devant la fin de « The Voice » ! Je dis ça…

- 285 -

LA PLUS VIEILLE AUBERGE DE FRANCE

Elle se situe au cœur de Rouen et s'appelle la Couronne, elle date de 1345. Petite auberge restée dans son jus où on mange encore très très bien. Jeanne d'Arc, par exemple, qui est morte à Rouen en 1431, aurait tout à fait pu y aller pour s'en jeter quelques-unes dans la gueule. Au lieu de ça, ce fumier d'évêque Cauchon préféra la faire brûler vive sur le bûcher, pour hérésie, à quelques encablures du restaurant. Se faire brûler à côté d'une rôtisserie, quel cynisme immonde ! D'autant que 24 ans plus tard le pape Calixte III ordonna la révision du procès de Jeanne, elle fut alors déclarée enfin innocente en 1456 ! Enfin ça n'a pas changé grand-chose pour la pucelle d'Orléans, c'est vrai que les erreurs judiciaires à l'époque ça n'pardonnait des masses ! Cauchon qui s'en dédit !

- 286 -

LE PLAT LE PLUS CALORIQUE AU MONDE

Il s'appelle l'acarajé, c'est une recette traditionnelle afro-brésilienne réalisée à partir de pâte d'haricot. Son contenu est composé de pois chiches sous forme de boules, qui sont alors frites dans l'huile de palme puis farcies dans du vatapa et du caruru ! Ne me demandez pas ce que c'est ! Le bazar fait 1100 calories pour une portion normale ! À côté, un kebab-frites fait office de concombre ! Enfin c'est pas un plat de bobo quoi ! Pour citer mon p'tit René : « *Mais on ne sait plus bouffer gras de nos jours, c'est une catastrophe... Les mecs se mettent à faire des Ironman, tous habillés en fluo avec des fesses de lapin, tous ultra-connectés, ils se comparent le pignon, beurk... Allez, tiens, je me remets un jaune va, m'font trop suer !!* »

- 287 -

JACQUES VILLERET ET JACQUES DUTRONC

Ils étaient copains dans la vie. Jacques Villeret était réputé pour ses ivresses et ses déboires. Un jour, un grand magasin appela Jacques Dutronc pour qu'il vienne le calmer car il était en train de tout casser. Dutronc essaya de le raisonner mais c'était peine perdue. Les policiers arrivèrent sur les lieux, Villeret fut projeté par terre et menotté. Avec des yeux rouges bouffis par l'alcool, il hurlait : «*Toutes des salopes, toutes des salopes*», et Dutronc avec son flegme légendaire s'adressant aux policiers présents : «*Enfin ça, j'en sais rien, Messieurs, je suis pas du quartier!*» Mais quel génie!

- 288 -

FAUSSE CITATION

« Poney toi toi-même »

(Jean Rochefort)

- 289 -

ANECDOTE *UN SINGE EN HIVER*

Fred Testot m'a dit que le jour où il avait interprété *Un singe en hiver* avec Eddy Mitchell, il s'est dit qu'artistiquement, tout ce qui pouvait arriver ensuite serait du bonus. Je le comprends parfaitement car en ma qualité d'ancien maître alcoolique, il y a des perles dans ce chef d'œuvre qu'on rêve d'interpréter tellement c'est bien écrit, comme : «*Une paella sans coquillages, c'est comme un gigot sans ail, un escroc sans rosette : quelque chose qui déplaît à Dieu!*» Un jour si Dieu me prête vie assez longtemps, j'adorerais monter *Un singe en hiver* parce que l'intemporalité d'un bar et l'amitié de deux générations, ça vaut tous les présents du monde. Qu'il reste encore pour longtemps des jeunes et des anciens pour se raconter des sottises dans les bistrots et le monde ne s'en portera pas plus mal! On tient encore bon quelque temps les amis... C'est notre trésor!

- 290 -

VRAIE CITATION

Si vous avez ce livre entre vos mains, c'est que la Rami a déjà les miches aux Seychelles ! Merci à vous !

(Chicandier)

Guillaume est mon ami depuis 35 ans, il l'est depuis le premier jour où je l'ai vu. Espiègle. Brillant. Drôle en diable. Doué et farceur. De ces amis qui vous changent la vie pour toujours. Dire qu'on a fait les 400 coups serait un doux euphémisme. On a même croisé le fer à plusieurs reprises. C'est grâce à lui et ses parents, Joëlle et Didier, qui tenaient un snack-bar-restaurant, le Baladin à Saint Étienne, que j'ai découvert l'univers de ce que j'appelle désormais les Rois de la Ville. « Tiens regarde, lui, c'est le Général, enfin général parce qu'il porte beau et qu'il a fait l'Indochine, à côté c'est la Femme à l'absinthe, le nez dans son jaune et celui qui ne boit plus et qui commente tout c'est la Truffe qui dit qu'il a été chauffeur de Pompidou autrefois. Sa femme s'est suicidée il y a quatre ans, on n'a jamais trop su pourquoi, ça, il n'en parle jamais ! ». Ces univers de bar qui mêlent l'humour, l'effrayant, le pathétique, l'excentrique. Un côté *Amélie Poulain* plus brutal, quelque part. Des gens qui parlent métaphysique en veste de pêche, survêt' et chaussons avec une fraise à la place du nez. Des yeux jaunes, des rires gras, des grandioses et des mesquins. Des étudiantes naïves, des retraités heureux. Des silences et des pleurs aussi. C'est en partie grâce à la famille Paput que je me suis plongé plus tard, avec délectation, dans l'univers d'Audiard, de Blier, de Frédéric Dard, d'Antoine Blondin, la noblesse du bistrot et le black-out du caniveau. De ces songes et visions étranges j'en ai fait des pièces de théâtre, des émissions, des pastilles, des chroniques... Guillaume, lui, a croqué tout ça dans ses toiles depuis maintenant plus de 30 ans. On y voit des personnages aux faces multiples, des farfadets, des lutins, des monstres gentils, des qui font vraiment peur, des rieurs, des tristes, des fous. Parfois même, en fonction de l'humeur du jour, celui qu'on trouvait joyeux est en fait triste et celui qui nous effrayait nous émeut profondément. Dans les miscellanées on trouve cela, on passe d'un masque l'autre, d'un sujet l'autre, d'une émotion l'autre, comme dans un bistrot. Un mini théâtre avec des précipités de vie et des précipités de mort. L'existence est une succession de visages, certains semblent attirants alors qu'ils sont dangereux et certains semblent laids alors qu'ils se révèlent lumineux, pour paraphraser Jean-Paul Sartre et son admiration éternelle pour les gens laids. La seule chose sur laquelle je rejoins Sartre d'ailleurs. Alors voilà, vous présenter une œuvre de Guillaume Paput était pour moi une évidence. Deux faces d'une même médaille, à la vision extrêmement similaire, l'un par les mots l'autre par les traits...

POSTFACE

Cher Jason,
Je pensais en avoir fini avec ton livre, j'avais posé les épreuves dans un coin, chez moi, et va savoir pourquoi, j'ai fini par les feuilleter, pour me rassurer sans doute, pour me conforter dans mon refus de vouloir m'y associer. Et j'ai alors été saisi par la masse de la doc... 300 entrées... Impressionnant ! Des citations (des vraies et des fausses), des anecdotes (plus ou moins crédibles, mais toujours drôles ou émouvantes), des vedettes comme on les aime (Brassens, Napoléon, Johnny, Marylin, Nadal, Coluche et tant d'autres), des souvenirs personnels (le tournage d'Astérix, Pierre Gagnaire comme parrain, les difficultés de la mode). Et même, Jason, j'y ai découvert un réalisme un peu désabusé : tu ne te fais aucune illusion sur tes lecteurs, bien certain, dis-tu, que l'on va savourer tes miscellanées « aux gogues en se grattant les noisettes ». Bref, je me suis laissé embarquer dans ton univers qui zappe tout seul. Et tout à coup, aux détours d'une page, je me suis retrouvé moi-même ! Tu me fais gentiment une petite place parmi toutes les personnalités considérables qui structurent ton bouquin.
Puisque tu me fais l'amitié de rappeler ma passion pour l'Histoire, je voudrais évoquer tes grands ancêtres, ceux qui, jadis, comme toi, ont collationné les anecdotes et les bons mots. D'abord, comment ne pas citer le premier d'entre tous : Agnolo Poliziano ?

C'est lui qui a fait connaître ce fameux terme de « miscellanées ». Dans son ouvrage Miscellanea, *publié en 1489, cet humaniste italien fait du Chicandier avant la lettre : il traite de divers sujets, apparemment sans ordre et sans freins, au gré de ses découvertes, de ses colères et de ses indignations. Plus tard, au Grand Siècle dans le royaume de France, Tallemant des Réaux a choisi de raconter des* Historiettes, *anecdotes étonnantes et petits faits que colportaient les méchantes langues de l'époque. Et puis, au* XIXe *siècle, journalistes et écrivains ont adoré le style des… « anas » ! C'est comme ça qu'on disait désormais pour désigner les recueils d'aphorismes et de saynètes engrangés par les Chicandier du temps. Il y a même eu, dans les années 20, chez un grand éditeur, une « collection d'anas » et tout y passait : péripéties théâtrales, anecdotes enfantines, cancans politiques, épisodes médicaux, récits ecclésiastiques.*
À défaut d'être anar', voici donc ton anas. On y retrouve ton souffle, et surtout ton humour caustique et coruscant. Je me suis laissé emporter dans tes pages, et j'ai découvert un esprit jongleur et déconcertant, j'avais tout à coup envie de te suivre encore, de rire, de m'étonner. Finalement, Jason, si ça tient toujours, je veux bien la faire, ta préface.

Lorànt Deutsch

Dépôt légal : mai 2024
Achevé d'imprimer en avril 2024 en Espagne par Liberdúplex